Deutsch als Zweitsprache

Eva Torp
Romana Leuzinger

Deutsch? *Einfach!*

AKTUELL

PRAKTISCH

INDIVIDUELL

KOHL VERLAG
Lernen mit Erfolg

Basisband

Nutzen Sie unseren bequemen Onlineshop!

- Ausführliche Informationen
- Aussagekräftige Leseproben
- Schnäppchen & besondere Angebote

www.kohlverlag.de

Deutsch? Einfach!
Band 1: Basisband

5. Auflage 2015

© Kohl-Verlag, Kerpen 2013
Alle Rechte vorbehalten.

<u>Inhalt</u>: Romana Leuzinger, Eva Torp
<u>Illustrationen</u>: Istvan Takacs
<u>Redaktion</u>: Kohl-Verlag
<u>Satz</u>: www.PrePress-Salumae.com
<u>Druck</u>: Druckhaus DOC GmbH, Niederzier

Bestell-Nr. 11 354

ISBN: 978-3-86632-726-9

© der Originalausgabe „Fast meine Muttersprache - Basisband"
bei elk Verlag AG, CH-Winterthur 2005, www.elkverlag.ch

Das Werk und seine Teile sind urheberrechtlich geschützt. Jede Nutzung in anderen als den gesetzlich zugelassenen Fällen bedarf der vorherigen schriftlichen Einwilligung des Verlages. Hinweis zu § 52a UrhG: Weder das Werk noch seine Teile dürfen ohne eine solche Einwilligung eingescannt und in ein Netzwerk eingestellt werden. Dies gilt auch für Intranets von Schulen und sonstigen Bildungseinrichtungen.

Inhalt

Vorwort 4

Methodisch-didaktische Überlegungen 5–7

- **Alltag**

    1 Die Clique 8–11

    2 Auf dem Schulweg 12–14

    3 Lieblingsplätze 15–18

- **Freizeit**

    4 Im Freibad 19–24

    5 Freizeitbeschäftigungen 25–30

    6 Ballspiele 31–32

    7 Jahrmarkt 33–35

    8 Im Schnee 36–41

- **Feste & Feiertage**

    9 Ramadan & Bairam 42–44

    10 Feste & Feiertage in Deutschland 45–46

- **Besondere Gelegenheiten**

    11 Im Schullandheim 47–49

    12 Eine Show in der Schule 50–51

    13 Ein Abschiedsfest 52–57

    14 Abschied 58–59

Lösungen 60–64

Vorwort

Mit dieser neuen Lernreihe für den Deutschunterricht als Zweitsprache in der Sekundarstufe liegt ein umfassendes Lehrwerk vor. Deutsch? - Einfach! besteht aus einem Basisband, drei Trainingsbänden und einem Band mit Lernkontrollen:
- Basisband
- Nomen, Pronomen, Adjektive
- Verben
- Unveränderbare Wörter
- Lernkontrollen

Dieses Werk ist grundsätzlich für die Arbeit mit Schülerinnen und Schülern geeignet, deren Muttersprache nicht Deutsch ist. Das heißt, die Arbeitsblätter sind einerseits für den Unterricht im Bereich Inklusion, die Deutschstunden für Fremdsprachige wie auch im Regelklassenunterricht für einzelne Schülerinnen und Schüler einsetzbar. Voraussetzung ist, dass die Kinder und Jugendlichen bereits ein wenig Deutsch verstehen und lesen können. Die Inhalte sind für die gesamte Schulzeit geeignet, der Schwerpunkt liegt jedoch in den Klassen 5 und 6.

Im hier vorliegenden Basisband stellen sich sieben Schülerinnen und Schüler vor, deren Muttersprache nicht Deutsch ist. Deren Erlebnisse und Gespräche geben Anlass zum Diskutieren und Schreiben. Durch die Kommunikationssituationen sind verschiedene Möglichkeiten gegeben, kulturelle Ereignisse und Besonderheiten des Zusammenlebens in Deutschland zu thematisieren. Die Aufgaben der Arbeitsblätter müssen nicht chronologisch oder vollständig gelöst werden, sondern werden je nach Bedürfnis, Fähigkeit und Leistungsstärke der Schülerinnen und Schüler bearbeitet. Sie eignen sich auch als Ergänzung zu den Materialien im Regelklassenunterricht, zur Vertiefung eines grammatischen Lerninhalts oder als Förderinstrument für Schülerinnen und Schüler mit unterschiedlicher Sprachkompetenz. Die Kinder und Jugendlichen finden gemäß ihrer Stärken und Schwächen individuelles Übungsmaterial und gewinnen Sicherheit im mündlichen und schriftlichen Ausdruck. Das Trainingskonzept der vielfältigen Übungen der deutschen Sprache lassen an vielen Stellen Spielraum für persönliche Beiträge und Wahlmöglichkeiten je nach Interesse und Neigung zu. Die Dateien, die als Word-Datei auf der beigefügten Daten-CD abgelegt sind, sind im Text durch dieses Symbol gekennzeichnet.

Viel Freude an der Arbeit mit *Deutsch? Einfach!* wünschen Ihnen und Ihren Schülerinnen und Schülern der Kohl-Verlag und

Romana Leuzinger & Eva Torp

Methodisch-didaktische Überlegungen

Der erste Band setzt an den vorhandenen Sprachkenntnissen an und entwickelt die Sprache anhand der einzelnen Inhalte weiter. Die 15 Themenangebote werden durchgehend von den 7 Kindern Emine, Tjedon, Valeria, Namkhang, Adnan, Nesrine und Paolo gestaltet. Sie sind an derselben Schule und haben jeweils einen Migrationshintergrund.

Die einzelnen Themen setzen sich konzeptionell aus folgenden Schwerpunkten zusammen:

- Kommunikative Texte
- Gesprächssituationen
- Sprachtrainingsübungen
- Sprech- und Schreibanlässe mit Freiräumen zur eigenen Gestaltung

Die Texte mit ihren Gesprächssituationen lassen ein Lesen mit verteilten Rollen zu – diese Möglichkeit sollte auf jeden Fall genutzt werden.

Die Inhalte können unabhängig voneinander eingesetzt und für aktuelle und individuelle Situationen vor Ort abgerufen werden. Es wird jedoch empfohlen, mit dem ersten Thema „Die Clique" zu beginnen, da die Hauptpersonen der Reihe hier vorgestellt werden.

Einige Arbeitsaufträge und Vorlagen für Sprachübungen sind auf der beigefügten Daten-CD zum Ausdrucken, digitalen Einsatz oder zur individuellen Bearbeitung als Word-Datei beigefügt. Die Erklärungen und methodischen Hinweise, die im gedruckten Band zu den Dateien angegeben sind, müssen von der Lehrperson vor ihrem Einsatz angegeben werden.

1 Die Clique

Die Hauptpersonen der Reihe „die Clique" werden vorgestellt mit ihrem familiären Hintergrund, ihren Hobbys, ihren Berufswünschen und ihren Besonderheiten. Die Falsch-Aussagen in der letzten Übung festigen die Informationen über die Hauptpersonen.

Diese Informationen leiten über zur Darstellung der eigenen Gruppe und der einzelnen Mitglieder. Jeder erhält die Möglichkeit, sich selbst zu beschreiben und vorzustellen und möglicherweise von einer eigenen Clique zu erzählen. Wichtig ist, dass jeder die Chance erhält Beiträge zu leisten um sich als gleichberechtigtes Mitglied der Gruppe zu erkennen und zu entwickeln.

2 Auf dem Schulweg

In den beiden Gesprächen lernt sich die Clique langsam kennen, gemeinsame Schulwege und Interessen werden erkannt. Die Texte werden mit verteilten Rollen gelesen. Nach dem Beschreiben des eigenen Schulweges werden zur Erleichterung des Sprachgebrauchs Satzmuster gegeben, die zu individuellen, am Alltagsleben orientierten Informationen auffordern.

3 Lieblingsplätze

Der Sachtext liefert weitere Informationen über die Hauptpersonen und ihre Lebensgewohnheiten und „Lieblingsplätze". Die folgenden Sprachübungen setzen hier an und fordern die Kinder zu eigenen Aussagen über ihren Lieblingsplatz auf. Das Rollenspiel fördert die kommunikative Kompetenz im freien Sprachgebrauch. Entwurf und Gestaltung eines Spiel- oder Sportplatzes fordert die kreativen und gestalterischen Kräfte des Einzelnen. Individuelle Fertig- und Fähigkeiten werden hier sichtbar.

4 Im Freibad

Diese Gesprächsszene stellt eine typische Situation eines gemeinsamen Treffens im Freibad dar und bereitet die anschließende Aufforderung zum Erzählen eigener Erlebnisse vor. Die Baderegeln der Aufgabe 3 werden schon mit Blick auf die Übersetzung in die Muttersprache groß kopiert und ausgehängt oder digital eingeblendet. Es wird eine sicherlich lebhafte Diskussion dieser Regeln folgen, da Jugendliche sicherlich einen anderen Blick haben. Die Übersetzung der Regeln in die Muttersprache stellt einen Bezug zur Herkunft her, der nicht vergessen werden darf. Welche Ergebnisse bietet die Zusammensetzung Ihrer Gruppe?

5 Freizeitbeschäftigungen

Die ausführliche Darstellung der Hobbys von Adnan und Emine führt zu Überlegungen zu eigenen Hobbys bzw. von Möglichkeiten der Freizeitbeschäftigung vor Ort. Vielleicht entdeckt jemand aus der Gruppe sein neues Hobby? Das Logical zu den „Hobbymusikern" erfordert Verstehen und logischen Umgang mit Aussagen zur Zuordnung von Personen.

6 Ballspiele

Sport, in diesem Falle Ballsportarten, ist immer ein Mittel zur Förderung der Kommunikation und Sprachentwicklung, da jeder seine Erfahrungen und sein Wissen einbringen kann. Vielleicht gibt es in der Klasse eine gemeinsame Sportgruppe, die dieses Thema ergänzen kann. Die Sprachtabelle mit der Einteilung des Grundwortschatzes zum Themenfeld „Ballsport" ist ein erster Hinweis auf die grammatischen Begriffe Nomen, Verben und Adjektive, auf die aber noch nicht näher eingegangen wird. Sie dient lediglich als Hilfe zu Aussagen zum Thema.

7 Jahrmarkt

Die ungewöhnliche Situation eines öffentlichen Jahrmarktes auf dem Schulgelände dient als Hintergrund zu diesem beliebten und sich jährlich wiederholenden Thema. Die Übungen fordern zum Formulieren eigener Meinungen und Haltungen auf. Die Rollenspiele in den folgenden Aufgabe üben Situationen des täglichen Jahrmarktlebens und lassen die Schülerinnen und Schüler in andere Rollen schlüpfen.

8 Im Schnee

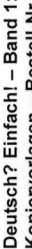

Der Winter in Deutschland mit allen seinen Erscheinungen ist uns sicher. Das dazugehörige Wortfeld mit Überlegungen zu Haltungen, Vorlieben und Abneigungen wird in diesem Thema entwickelt. Die Aufgaben 5 „Tourismus-Büro" und 7 „Fantasiegeschichte" können auch als Auswahl gegeben werden. Die Worttabelle in Aufgabe 8 und die Adjektive der Aufgabe 9a) unterstützen wesentliche Aspekte der Satzbildung.

9 Ramadan & Bairam

Die Bräuche und Rituale der eigenen Heimat werden in diesem Thema gewürdigt. Als konkrete Beispiele werden der Ramadan und der Bairam des Islam aufgegriffen.

10 Feste & Feiertage in Deutschland

Die Thematisierung der wichtigsten Feste und Feiertage in Deutschland gibt einen Einblick in die einheimische Kultur und fordert zur Auseinandersetzung auf.

11 Im Schullandheim

Schullandheim und Klassenfahrt sind ein wichtiges Thema des Schullebens, das mit sprachlichen Übungen auch zur Auseinandersetzung mit den Sorgen und Nöten der Erziehungsberechtigten auffordert.

12 Eine Show in der Schule

Die Casting-Show „Deutschland sucht den Superstar" ist lediglich als Aufhänger für Überlegungen zu einer eigenen Schul-Show angeführt. Ein situativer Umgang fördert die Sprachentwicklung – die Schülerinnen und Schüler erhalten hier kreative Freiräume für die Gestaltung einer Schulveranstaltung. Lassen Sie die Umsetzung zu, wenn es sich ergibt!

13 Ein Abschiedsfest

Eine finnische Schülerin geht wieder in ihre Heimat zurück. Unter diesem Aspekt plant und organisiert die Clique eine Abschiedsfeier. Die kommunikativen Übungen sind in diesen Rahmen integriert und fordern zur Formulierung eigener Wahrnehmungen auf.

14 Abschied

Das Ende einer Jahrgangsstufe verbunden mit dem Wechsel in eine neue Schule ist immer wieder ein Thema während der Schullaufbahn. Text und Aufgabe gehen mit diesem oft „traurigen" Thema sensibel um.

1 Die Clique

EMINE   Sie ist 13 Jahre alt und hat eine Schwester. Sie hat langes dunkles Haar.
          Sie lebt mit ihrer Familie in einem Reihenhaus.
          Sie kann gut nähen und möchte später einmal einen Secondhand-Laden eröffnen.
          Sie liebt schöne Schuhe.
          Sie besucht einen Selbstverteidigungskurs (Karate).
          Sie geht in die 6. Klasse.

TJEDON   Er ist 13 Jahre alt und hat vier Brüder und zwei Schwestern.
          Er lebt mit seiner Familie in einem Wohnblock.
          Er spielt im FC Junior und möchte später Profifußballer werden.
          Er hat gerne viele Leute um sich.
          Er trägt immer ein Stirnband.
          Er geht in die 5. Klasse.

VALERIA Sie ist 10 Jahre alt und ein Einzelkind. Sie hat dunkle Locken.
Sie lebt mit ihrem Vater und ihren Großeltern in einem Mehrfamilienhaus mit Garten. Sie ist gerade erst zugezogen.
Sie arbeitet gerne am Computer.
Sie möchte einmal Architektin werden.
Sie liebt große Taschen, in denen es viel Platz hat.
Sie geht in die 4. Klasse.

NAMKHANG Sie ist 12 Jahre alt und hat einen Bruder.
Sie ist blond und hat mandelförmige Augen.
Sie lebt mit ihren Eltern in einem Hochhaus im 13. Stock.
Sie ist sehr sportlich und möchte gerne einmal Fallschirmspringen.
Später möchte sie einmal Polizistin werden.
Sie geht in die 5. Klasse.

ADNAN Er ist 11 Jahre alt und hat eine Schwester. Er ist blond.
Er lebt mit seinen Eltern im obersten Stock eines Geschäftshauses.
Er schwimmt gerne und liebt Wassersport.
Später möchte er einmal Taucher werden.
Er trägt einen kleinen Ohrring in Form eines Ankers.

Nesrine Sie ist 14 Jahre alt und hat drei Geschwister, zwei Schwestern und einen Bruder.
Sie geht in die 6. Klasse.
Sie lebt mit ihrer Familie in einem Mehrfamilienhaus.
Sie liebt Süßes und möchte einmal Konditorin werden.
Sie trägt gerne große, auffällige Ohrringe.

PAOLO Er ist 14 Jahre alt und lebt mit seiner Mutter und ihrem Partner.
Er wohnt in einem Einfamilienhaus. Er geht in die 6. Klasse.
Er spielt Klavier, hört viel Musik und besucht gerne Konzerte.
Er hat langes Haar und geht nie zum Frisör.
Er ist stolz auf seine Stupsnase.

Aufgabe 1.
Schreibe die Namen der Kinder unter das betreffende Bild.

Aufgabe 2.
Beschreibe dich in deiner Gruppe selbst.

Aufgabe 3.
Diskutiert die Fragen in der Gruppe!

a) Mit wem verbringst du deine Freizeit?

b) Was macht ihr?

c) Wo trefft ihr euch?

Aufgabe 4.
Auf den Seiten 8 und 9 sind die Mitglieder einer Clique in einer Schule beschrieben. Kinder aus verschiedenen Klassen der Stufe 4, 5 und 6 verbringen ihre Freizeit gemeinsam und haben Freundschaft geschlossen.
Gibt es eine solche Clique oder mehrere solcher Cliquen in deiner Schule oder in deiner Klasse?

a) Bist du selbst Mitglied in einer solchen Clique? Warum/Warum nicht? Begründe!

b) Welche Vorteile hat es, Mitglied einer Clique zu sein?

d) Gibt es auch Nachteile, wenn man in einer solchen Clique ist? Begründe!

e) Mit welchen Kindern der Clique, die vorgestellt wurde, würdest du gerne befreundet sein? Begründe deine Meinung.

f) *Welche Aktivitäten unternimmst du mit deiner Clique oder welche würdest du gerne mit deiner Clique unternehmen, wenn du eine hättest?*

Aufgabe 5.
In den Aussagen unten haben sich Fehler eingeschlichen. Unterstreiche die falschen Aussagen und schreibe die richtige Variante hin.

Beispiel:

Aussage	Korrektur
Namkhang wohnt <u>alleine</u> in einem Hochhaus.	*mit ihren Eltern*
Tjedon trägt immer eine Schirmmütze.	
Adnan möchte einmal Pilot werden.	
Nesrine ist 11 Jahre alt.	
Emine geht in einen Tanzkurs.	
Paolo spielt Schlagzeug.	
Nesrine trägt große und auffällige Armbänder.	
Valeria lebt mit ihrem Vater und ihrer Mutter.	
Adnan hat zwei Schwestern.	
Nesrine liebt Essiggurken.	
Namkhang ist 13 Jahre alt und hat einen Bruder.	
Paolo besucht gerne Eishockeymatchs.	
Tjedon ist ein Einzelkind.	
Emine möchte einmal ein Fitness-Studio eröffnen.	
Valeria geht in die 6. Klasse.	
Tjedon lebt mit seiner Familie in einem Einfamilienhaus.	
Namkhang trägt immer Stiefel.	
Adnan ist 12 Jahre alt.	
Valeria möchte einmal Frisörin werden.	
Nesrine hat drei Brüder.	
Tjedon ist gerne allein.	
Paolo trägt einen Bürstenschnitt.	

2 Auf dem Schulweg

Aufgabe 1.
Lest das Gespräch mit verteilten Rollen.

PAOLO:	„Emi, wann bist du aus den Ferien zurückgekommen?"
EMINE:	„Gestern spät am Abend. Mit dem Bus."
PAOLO:	„Warst du am Meer?"
Emine:	„Nein, ich war bei meinen Verwandten. Sie haben ein Haus auf einem Hügel. Und du? Hast du wieder den ganzen Sommer Klavier gespielt? In der Sonne warst du ja nicht, das sieht man! Hat es in Portugal die ganze Zeit geregnet?"
PAOLO:	„In der Sonne ist es mir zu heiß. Und Klavier spiele ich auch nicht draußen. Was hast du denn gemacht, Nesrine?"
NESRINE:	„Ich war in Tunesien. Wie ihr wisst, liebe ich die Sonne und war vom Morgen bis zum Abend draußen. Dieses Mal sind wir mit dem Auto gefahren und haben es aufs Schiff verladen. So konnten wir für meine Oma etwas mitbringen, was sie sich schon lange gewünscht hatte."
EMINE:	„Was war das für ein Geschenk?"
NESRINE:	„Ein rotes Fahrrad mit 12 Gängen."
PAOLO:	„Warum braucht deine Großmutter ein Fahrrad?"
NESRINE:	„Zum Einkaufen natürlich!"
EMINE:	„Hat deine Großmutter kein Auto?"
NESRINE:	„Nein, sie kann nicht Auto fahren. Sie musste immer zu Fuß gehen. Aber jetzt habe ich ihr das Rad fahren beigebracht."
PAOLO:	„Meine Großmutter würde nie mit dem Rad fahren. Und deine, Emi?"
EMINE:	„Sie kann gut Fahrrad fahren. Sie fährt sogar im Winter. Oh, es ist schon vier Uhr! Ich muss ins Training. Tschüs, bis morgen!"
PAOLO:	„Tschüs!"
NESRINE:	„Ciao!"

Aufgabe 2.
Lest auch dieses Gespräch mit verteilten Rollen.

ADNAN:	„Hey, du wohnst doch auch in unserer Nähe? Wie heißt du eigentlich?"
VALERIA:	„Valeria."
ADNAN:	„Warum bist du hierher gezogen? Du bist doch neu hier!"

VALERIA:	„Meine Mutter ist letztes Jahr gestorben. Jetzt wohnen mein Vater und ich bei meinen Großeltern."
NAMKHANG:	„Dann hast du es auch nicht leicht."
TJEDON:	„Hast du einen älteren Bruder, der Fußball spielt? Wir brauchen nämlich Verstärkung im Club."
VALERIA:	„Nein, Geschwister habe ich keine. Aber eine Katze."
NAMKHANG:	„Wie schön, wir dürfen im Haus keine Haustiere haben. Darf ich einmal mit deiner Katze spielen?"
VALERIA:	„Nur wenn sie einverstanden ist, sie ist sehr eigensinnig! Komm doch einmal vorbei! Wir sind viel im Garten hinter dem Haus."

Aufgabe 3.
Beschreibe deinen eigenen Schulweg.

a) *Mit wem legst du ihn zurück?*

b) *Wie lange dauert er?*

c) *Was siehst du alles dabei?*

02

Aufgabe 4.
Erzähle von dir.

Wie heißt du?	Ich heiße ...
Wo wohnst du?	Ich wohne ... ... an der Straße. ... in der Stadt. ... auf dem Lande. ... in einem kleinen Dorf. ... in einem Hochhaus/Mehrfamilienhaus. ... in einem Einfamilienhaus/Reihenhaus.
Hast du Geschwister?	Ich habe ... ... eine Schwester/... Schwestern. ... einen Bruder/... Brüder. ... Halbschwester/Halbbruder. Ich bin ein Einzelkind.
Hast du Haustiere? Habt ihr Haustiere?	Ich habe .../Wir haben ... ... eine Katze/einen Hamster. ... einen Vogel/einen Hund. ... zwei Ratten/Hühner.
Was machst du in deiner Freizeit?	Ich spiele draußen. Ich lese viel. Ich spiele Hockey/Saxofon/Tennis. Ich gehe ins Ballett. Ich treffe Freundinnen/Freunde.

Wie alt bist du?	Ich bin ... Jahre alt.
In welche Klasse gehst du?	In die ... Klasse. Mit meiner Freundin/meinem Freund ... in die ... Klasse. In die ... Klasse zu Frau .../Herrn ... .

Aufgabe 5.
Erzähle von einer anderen Person!

03

Wie heißt sie/er? Wie heißen sie/die beiden?	Sie heißt .../Er heißt ... Sie heißen ... und ... .
Wo wohnt er/sie? Wo wohnen sie/diese Kinder/diese Mädchen/diese Jungen?	Er wohnt/Sie wohnt ... Sie wohnen ... ... an der Straße. ... in der Stadt. ... auf dem Lande. ... in einem kleinen Dorf. ... in einem Einfamilienhaus/Reihenhaus.
Hat sie/er Geschwister? Haben sie Geschwister?	Sie hat/Er hat ... Sie haben ... ... eine Schwester/... Schwestern. ... einen Bruder/... Brüder. ... Halbschwester/Halbbruder. Nein. Sie sind Einzelkinder.
Hat er/sie Haustiere? Haben sie Haustiere?	Er hat .../Sie hat ... Sie haben ... ... eine Katze/einen Hamster. ... einen Vogel/einen Hund. ... zwei Ratten/Hühner/Schafe.
Was macht sie in ihrer Freizeit? Was macht er in seiner Freizeit?	Sie spielt draußen. Er liest viel. Sie spielt Hockey/Saxofon/Tennis. Er geht/Sie geht ... ins Ballett/ins Kino. Sie trifft Freudndinnen/Freunde.
Wie alt ist er/sie?	Er ist/Sie ist ... Jahre alt.
In welche Klasse geht sie/geht er?	In die ... Klasse. Zu Frau .../Zu Herrn ... in die ... Klasse.

3 Lieblingsplätze

Aufgabe 1. *Lies den folgenden Text.*

Valeria liebt moderne Bauten. Sie interessiert sich für neue Häuser und Siedlungen, die in der Stadt entstehen. Auf einem Hügel etwas außerhalb der Stadt setzt sie sich auf eine Bank und zeichnet die Häuser, die vor ihr liegen. Von dort aus hat sie einen guten Ausblick auf das Quartier. Auf diesem Platz träumt sie von einem Haus, das sie selbst einmal planen und bauen möchte. Darum ist Valeria dort häufig anzutreffen. Die Bank ist seit einigen Wochen ihr Lieblingsplatz.

Paolo ist am liebsten zu Hause. In seinem Zimmer findet er seine Ruhe, hört die Musik, die ihm gefällt und wird wenig gestört. Auf seine Musikanlage ist er stolz, darauf hat er auch lange gespart. Wenn die Familienmitglieder sich beklagen, die Musik sei zu laut, setzt er die Kopfhörer auf. An den Wänden seines Zimmers hängen Plakate von berühmten Komponisten und versetzen Paolo in eine andere Welt. Manchmal vergisst er vor lauter Musik sogar, dass er Hunger hat.

Namkhang geht in jeder freien Minute ins Einkaufszentrum. Mitten in der großen Halle ist ein Springbrunnen. Von hier aus kann sie die Menschen gut beobachten. Manchmal plaudert sie mit Leuten aus der Nachbarschaft. Einer alten Frau hat sie kürzlich geholfen, ihren Einkauf vom Einkaufswagen in die Tasche umzuladen. Sie hat auch einen jungen Mann beobachtet, der an einem Stand ein Schmuckstück geklaut hat und dann wenig später vom Ladendetektiv gefasst wurde. Gestern stand plötzlich ein weinendes Kleinkind in der Halle, das seine Mutter suchte. Namkhang begleitete den Kleinen zum Informationsschalter, wo man eine Beschreibung des Kindes über den Lautsprecher ausrufen ließ. An diesem Platz ist Namkhang wirklich gern.

Der Lieblingsplatz von Frau Rossi ist die Finnenbahn. Sie liebt diese Joggingbahn und läuft täglich mehrere Runden, um fit zu bleiben und ihren Ärger loszuwerden. Danach fühlt sie sich wie neugeboren und ist mit sich und der Welt zufrieden.

Aufgabe 2.
Tauscht euch in der Gruppe aus.

a) Wo hältst du dich am liebsten auf?

b) Wie sieht dein Lieblingsplatz aus?

Aufgabe 3. *Du führst ein Interview mit einer Klassenkameradin/einem Klassenkameraden. Du fragst sie oder ihn nach dem Lieblingsplatz.*
Stell deine Fragen so, dass dein Gegenüber zu erzählen beginnt
Tipp: *Oft helfen Fragen, die mit W beginnen:*

– Wo ...
– Warum ...
– Wann ...
– Wie ...
– Welche/welcher/welches ...

Aufgabe 4.
Schreibe einige Sätze über den Lieblingsplatz der Person, die du interviewt hast. Setze den Namen dieser Person als Titel ein.

Der Lieblingsplatz von _____

_____

_____

_____

_____

Aufgabe 5.
Gibt es einen Spielplatz oder Sportplatz, den du regelmäßig besuchst? Wie sieht dieser Ort aus?

Aufgabe 6.
Beschreibe das Gelände (Rasen, Teer oder ...), die Kinder und Jugendlichen, die sich dort treffen und die Spiele, die dort stattfinden. Warum gefällt dir dieser Ort und warum gehst du dort hin? Wie oft trifft man dich dort an?

Aufgabe 7.
Ein Rollenspiel durchführen:
Wähle eine mögliche Situation auf dem Spiel- oder Sportplatz aus (eine harmonische Spielfrequenz, eine Konfliktsituation wie z. B. eine Meinungsverschiedenheit oder einen Streit, eine typische Begegnung für diesen Ort oder ...). Suche dir einen Mitspieler, übt die Szene ein und spielt sie der Gruppe vor.

Aufgabe 8.
Einen Spiel- oder Sportplatz nach eigenen Ideen entwerfen:
Das Thema heißt: „Ein Spiel- oder Sportplatz meiner Träume". Organisiere eine Folie und einen Stift und skizziere oder zeichne einen Platz, wie du ihn als Architektin/Architekt gestalten würdest. Erkläre dann der Gruppe oder der Klasse, was an diesem Ort alles möglich sein sollte (Wie groß sollte der Platz sein? Ist der Platz bepflanzt? Brauchst du dazu Spielgeräte? Was muss gemacht werden, damit der Platz so benutzt werden kann, wie du es dir vorstellst?).

Aufgabe 9.
Ein Spiel spielen und Spielregeln erklären:
Wähle ein Spiel, das du kennst. Suche Mitspielerinnen und Mitspieler, denen du das Spiel erklärst. Spielt gemeinsam.

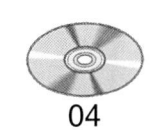

Aufgabe 10.
Verschlüsselte Botschaften
a) Die Schülerinnen und Schüler der 5. Klasse erzählen einander, wo sie ihre Freizeit am liebsten verbringen. Da sie nicht wollen, dass gleich alle ihre Lieblingsorte kennen, sprechen sie in Rätseln.
   Findet ihr die Lieblingsplätze heraus? (Anfangsbuchstabe fett gedruckt!)

Valeria	IE**T**RUAERDEW	
Adnan	FEU**S**ERE	
Stephanie	PCH**S**OPNGIENTER	
Miikael	STOO**B**SHAU	
Abdellatif	BLALL**P**FUSSAZT	
Lara	ESTELLETSHAU**BL**	
Emil	PLARATZ**C**PARK	
Ann	ERSTE**F**EUELL	
Lidija	DAR**W**ALND	
Nicola	UL**S**CHNGARET	
Tayishah	STERNKNABE**F**	
Aarif	LU**S**CHÜKCHE	
Mauritius	NESO**R**ETEB	

b) *Nenne selbst vier verschlüsselte Plätze, an denen du dich gerne aufhältst und lies sie einer Klassenkameradin/einem Klassenkameraden vor.*

Aufgabe 11.
Schreibe acht Sätze, in denen jeweils mindestens drei Wörter dieser Tabelle vorkommen.

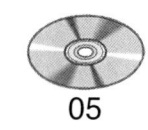

05

Nomen	Verben	Adjektive
der Baum – das Zimmer – die Heimat – das Land – die Stadt – das Dorf – das Sofa – das Bett – der Sessel – die Blumenwiese – der Jugendtreff – der Sportclub – der Berg – der See – das Flussufer – der Dorfplatz – der Bach – der Weiher – das Gebüsch – die Hängematte – der Strand	sitzen – stehen – liegen – gehen – reisen – träumen – essen – hören – sehen – fühlen – spüren – tasten – riechen – spazieren – sich treffen – sich verabreden	schön – gemütlich – heimelig – wohl – traurig – fröhlich – warm – kalt – windig – lustig – geborgen – angenehm – sonnig – schattig – einsam – belebt

4 Im Freibad

Aufgabe 1.
Lest das Gespräch mit verteilten Rollen.

ADNAN:	„Legen wir uns unter die große Trauerweide? Ich mag nicht immer in der Sonne sein!"
NAMKHANG:	„Ist gut. Ich will nur noch schnell eine Cola kaufen. In einer Minute bin ich wieder da."
TJEDON:	„Bring mir doch eine Tüte Popcorn mit. Ich habe heute nicht viel zu Mittag gegessen."
VALERIA:	„Nein! Bin ich ein Dummkopf! Ich habe mein Badetuch vergessen. Dabei hat meine Großmutter es extra für mich bereitgelegt."
PAOLO:	„Nichts gegen mich. Ich bin noch viel schlimmer. Ich finde meine Badehose nicht."
TJEDON:	„Ist mir auch schon passiert. Du kannst beim Bademeister an der Kasse eine ausleihen. Die haben ganz schicke und du kannst auswählen. Ich bekam eine mit einem Leopardenmuster."
EMINE:	„Du kannst dich auf mein Handtuch legen, Valeria. Meines ist riesengroß. Kann ich dafür ein bisschen Sonnencreme von dir haben? Wisst ihr übrigens, ob Nesrine kommt?"
PAOLO:	„Ich glaube, sie kommt heute nicht, sie hütet ihren kleinen Bruder."
VALERIA:	„Den hätte sie doch mitnehmen können. Ich finde Babys süß."
ADNAN:	„Das wäre zu gefährlich. Babys können noch nicht schwimmen. Und überhaupt wäre es zu heiß. Gehen wir doch endlich ins Wasser."
NAMKHANG:	„Wartet auf mich. Hier ist dein Popcorn, Tjedon. Ich kriege 2 Euro von dir."
TJEDON:	„Gleich nachher. Wer übt heute mit mir? Ich habe mir zum Ziel gesetzt, diesen Sommer schwimmen zu lernen."
NAMKHANG:	„Das schaffst du. Ich komme gerne mit dir. Möchtest du eine Schwimmhilfe holen?"
TJEDON:	„Wäre wahrscheinlich nicht schlecht. Ich habe immer noch ein wenig Angst."
ADNAN:	„Falls ihr fachmännische Anleitung braucht, könnt ihr euch bei mir melden. Ich gehe ein bisschen Ringe tauchen."
NAMKHANG:	„Deinen Vortrag brauchen wir nicht. Sei nicht so eingebildet! Oh, schaut mal, da kommt Paolo mit der heißen Badehose."
VALERIA:	„Zum Verlieben!"
EMINE:	„Heute springe ich vom Drei-Meter-Brett. Mein Karate-Lehrer hat gesagt, ich würde das spielend schaffen. Gehen wir!"

Aufgabe 2.

Tauscht euch in der Gruppe aus.

a) Gehst du gerne ins Freibad?

b) Was machst du dort?

c) Wen triffst du da?

Aufgabe 3.
Diese Baderegeln stehen auf einer großen Tafel am Eingang des Freibads:

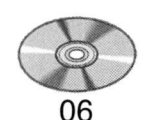

06

1. Nie mit vollem oder ganz leerem Magen schwimmen! –
   Nach üppigem Essen zwei Stunden warten. Alkohol meiden.

2. Nie überhitzt ins Wasser springen! –
   Der Körper braucht Anpassungszeit.

3. Nicht in trübe oder unbekannte Gewässer springen! –
   Unbekanntes kann Gefahren bergen.

4. Kleine Kinder nie unbeaufsichtigt am Wasser lassen! –
   Sie kennen keine Gefahren.

5. Luftmatratzen und Schwimmhilfen gehören nicht ins tiefe Wasser! –
   Sie bieten keine Sicherheit.

6. Lange Strecken nie alleine schwimmen! –
   Auch der besttrainierte Körper kann eine Schwäche erleiden.

Bildet Gruppen von Schülerinnen und Schülern, die die gleiche Muttersprache haben. Übersetzt diese Baderegeln in eure Muttersprache. Jede Gruppe liest die Übersetzung der Klasse vor.

Aufgabe 4.
Tauscht euch in der Klasse über die Ratschläge der Lehrerin aus.

Frau Rossi geht mit der Klasse ins Freibad. Vorher gibt sie Ratschläge, die man beim Baden und beim Aufenthalt in der Badeanstalt beachten sollte.

- Wenn du viel gegessen hast, dann gehe nicht schwimmen!
- Gehe nicht ins kalte Wasser, wenn du vorher lange in der Sonne gelegen bist! Gehe zuerst kalt duschen!
- Bevor du ins Wasser springst (z. B. vom Sprungturm oder vom Rand des Schwimmbeckens), schau, dass sich niemand unter dir befindet!
- Springe nie in unbekannte Gewässer!
- Wenn du nicht gut schwimmen kannst, wage dich nicht in tiefe Gewässer, auch nicht mit Schwimmhilfen!
- Vergiss nicht dich einzucremen!
- Achte immer auf Anweisungen des Bademeisters/der Bademeisterin!
- Entsorge deinen Abfall!

Aufgabe 5.
*Erstelle Baderegeln im Imperativ.
Verwende diese Verben!*

07

baden – springen – schwimmen – benutzen – abtrocknen – nehmen – meiden

_____ nicht mit vollem Magen!

_____ in tiefem Wasser keine Schwimmhilfe!

_____ nie überhitzt ins Wasser!

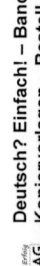

_____ Rücksicht auf andere Badende!

_____ die pralle Sonne!

_____ nicht in unbekannten Gewässern!

_____ dich nach dem Baden _____!

Aufgabe 5.
Lies die Baderegeln auf Seite 19 genau durch. Findest du sie sinnvoll? Welche befolgst du normalerweise, welche vielleicht nicht?

Aufgabe 6.
Ein Rollenspiel durchführen
Stell dir vor, du bist Bademeister/Bademeisterin und trägst die Verantwortung für die Sicherheit in der Badeanstalt. Wo würdest du ganz besonders aufpassen und schnell einschreiten? Spielt eine solche Situation in einer kleinen Gruppe.

Aufgabe 7.
Erzählt in der Gruppe eure eigenen Erfahrungen.
Wie, wann und wo hast du schwimmen gelernt? Oder kannst du noch nicht schwimmen? Was war/ist schwierig beim Schwimmenlernen? Schwimmst du gerne und bewegst du dich gerne im Wasser? Bist du lieber im Freibad oder im Hallenbad?

Aufgabe 8.
Wo liegt das nächste Freibad in deiner Umgebung?
Beschreibe, wie es dort aussieht und was dort passiert. Benutze möglichst viele Wörter aus dem Grundwortschatz „Im Freibad".

Nomen	Verben	Adjektive
das Badetuch – die Dusche – das Brustschwimmen – das Delphinschwimmen – das Dreimeterbrett – das Kraulschwimmen – das Nichtschwimmerbecken – das Schmetterlingsschwimmen – das Sprungbecken – das Tauchen – der Kopfsprung – der Bademeister/ die Bademeisterin – der Salto – der Schwimmgürtel – der Schwimmlehrer/ die Schwimmlehrerin – der Sprungturm/ das Sprungbrett – der Umkleideraum/die Kabine – der Wasserball – die Korkleine – die Schwimmbahn – der Rettungsring – das Surfbrett – die Luftmatratze – der Bademantel – der Bikini – die Badehose – der Badeanzug – die Badekappe – die Tauchbrille – der Schnorchel – die Schwimmflossen – das Schlauchboot – der Sonnenhut – das Kopftuch – der Sonnenschutz – die Sonnencreme – der Eintritt – die Jahreskarte – der Kiosk – das Eis	schwimmen – baden – bezahlen – ausziehen – eincremen – springen – mitnehmen – auspacken – anziehen – abtrocknen – duschen – liegen – sich setzen – schwatzen – plaudern – tauchen – schnorcheln – spielen – üben – plantschen	bunt – warm – heiß – kalt – nass – trocken – rot – praktisch – bleich – dick – dünn – geschickt – flink – leicht – schwer – hungrig

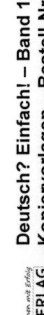

5 Freizeitbeschäftigungen

Aufgabe 1.
Lies Adnans Geschichte.

„Ich habe jedes Jahr eine Saisonkarte für das Freibad. Im Herbst kaufe ich eine für das Hallenbad. Das Geld dafür bekomme ich immer zum Geburtstag."

„Ein Leben ohne Schwimmen kann ich mir nicht vorstellen. Das war schon so, als ich ganz klein war. Meine Mutter nahm mich bereits als Kleinkind mit, und ich habe schon mit fünf angefangen schwimmen zu lernen. Das Schönste ist für mich zu tauchen und das Leben unter der Wasseroberfläche zu ergründen. Am tollsten ist das natürlich im See."

„Meine Eltern haben manchmal Angst, es könnte gefährlich sein, aber ich fühle mich sehr sicher. Ich bin noch nie in Panik geraten. Wichtig beim Tauchen ist, dass man ruhig bleibt und gute Nerven hat. Du kannst üben die Luft anzuhalten. Wenn du das regelmäßig tust, geht es immer länger. Wenn ich älter bin, wünsche ich mir, mit einer richtigen Sauerstoffflasche tauchen zu gehen. Dann werde ich auch einen Kurs besuchen und den Tauchschein machen."

„Vielleicht entdecke ich ja sogar einmal ein gesunkenes Schiff wie James Bond in einem Film. Auf jeden Fall will ich einen Beruf, der mit dem Tauchen zu tun hat. So kann ich jeden Tag mein Hobby ausüben."

a) Und du? Hast du auch ein Hobby? Treibst du Sport oder spielst du ein Musikinstrument?
Womit beschäftigst du dich in deiner Freizeit?

Aufgabe 2.

Lies Emines Erzählung.

„Ich habe vor einem Jahr ein Karatetraining begonnen. Zuerst habe ich einen Kurs für Anfängerinnen besucht, jetzt bin ich schon im Kurs für Fortgeschrittene." „Wie bist du ausgerechnet auf Karate gekommen?"

„Meiner Nachbarin wurde in der Stadt die Tasche weggerissen – mit Hausschlüssel und Portemonnaie. Da habe ich mir gedacht – in so einer Situation möchte ich mich wehren können. Dieser Sport ist wirklich super: Man trainiert Kraft, Ausdauer, Schnelligkeit und Beweglichkeit. Ich fühle mich sehr fit seither!"

„Zerschlägst du ständig irgendwelche Bretter oder Möbel bei dir zu Hause?"

„Nein, ganz und gar nicht. Wir schlagen gar nicht zu, wir stoppen kurz vor dem Aufprall. Man lernt auch sich zu entspannen und zu meditieren."

„Meditieren? Wozu denn das?"

„Um alle Kräfte zu mobilisieren. Man muss sich konzentrieren können und auch richtig atmen ist sehr wichtig, damit man sich selbst verteidigen kann. Und manchmal haben wir auch Wettkämpfe. Das macht Spaß. Unsere Trainerin ist nicht mehr ganz jung – es ist erstaunlich, wie kräftig sie noch ist und wie schnell sie reagieren kann. Sie gibt uns tolle Tipps, wie wir uns weiterentwickeln können."

a) Warum hat Emine mit Karate begonnen? Was denkt ihr darüber?

Aufgabe 3.
Sammle Informationen:
Welche Möglichkeiten ein Hobby auszuüben gibt es bei dir daheim oder in deinem
Ort (Musikschulen, Sportvereine, Leseclub, usw.)?
Erkundige dich und erstelle eine Liste.

08

Was?	Wo und wann?	Wie viel kostet dies pro Jahr?
Rollerblades fahren	Jeden Mittwoch- und Samstagnachmittag auf dem Marktplatz	Ausrüstung; kein Mitgliederbeitrag

Aufgabe 4.
Adnan und Emine haben von ihren Freizeitbeschäftigungen erzählt.
Wenn du frei wählen könntest: Welches Hobby würdest du am liebsten ausüben? Oder bist du in der glücklichen Lage, dass du bereits jetzt genau das tun kannst?
Erzähle, warum du gerade dieses Hobby ausgesucht hast, was dir daran gefällt, wie oft du diesem Hobby nachgehst und mit wem!
Welches Hobby würdest du nie ausüben und warum nicht? Erzähle!

Aufgabe 5.
Ein paar Kinder der Clique spielen ein Instrument. Mit dem verdienten Geld aus der Schulhaus-Putzaktion in den Frühlings- und Herbstferien können sie sich Unterrichtsstunden bezahlen. Lies die Informationen und ergänze die Tabelle.

09

Name					
Instrument					
Jahre					
Kosten					

1. Tjedon ist zwischen Valeria und der Person, die die Flöte spielt.
2. Paolo bezahlt 12 Euro für den Musikunterricht.
3. Tjedon spielt seit 6 Jahren.
4. Namkhang ist ganz links und spielt seit 2 Jahren.
5. Tjedon spielt nicht auf dem Klavier.
6. Die Flötenstunde kostet 15 Euro.
7. Die Person neben Namkhang spielt Gitarre.
8. Die Rechnung der Stunden der zweiten Person von links und der zweiten Person von rechts betragen zusammen 35 Euro.
9. Valeria spielt seit 1/2 Jahr Gitarre.
10. Paolo spielt seit 3 Jahren Klavier.
11. Die Trommelstunden kosten 17 Euro und wurden seit 2 Jahren besucht.
12. Jemand bezahlt 12 Euro. Es ist nicht Emine, die 12 Euro bezahlen muss.

Wer spielt ein Instrument seit 1 Jahr? _____

Wer spielt seit 6 Jahren für 12 Euro Mandoline? _____

Aufgabe 6.
a) *Spielst du selber ein Instrument oder hast du einmal eine Zeit lang gespielt? Was gefällt dir an diesem Instrument? Was ist toll daran? Was ist schwierig? Welche Art Musik gefällt dir?*

b) *Wo spielst du dieses Instrument am liebsten oder an welchem Ort würdest du am liebsten spielen? Erkläre, warum dieser Platz gut zu deiner Musik passt oder passen würde. Falls du kein Instrument spielst: Welches Instrument käme für dich in Frage?*

c) *Eine Szene ohne Worte und ohne Ton spielen*
Bildet eine Gruppe und entscheidet euch für ein Instrument eurer Wahl. Ihr müsst dieses Instrument nicht spielen können. Diskutiert, welche Szene ihr zusammen darstellen wollt: eine Rockband oder ein Streichquartett oder eine Gruppe von Alphornbläsern? Die Instrumente existieren nur in eurer Vorstellung. Sprecht ab, wie ihr euren Auftritt anfangen und wie ihr ihn beenden wollt.

*Ihr spielt eure Szene vor Publikum und verneigt euch, wenn euer Auftritt beendet ist.
Das Publikum gibt anschließend Rückmeldungen, wie euer Auftritt gewirkt hat. Hat man erkannt, auf welchem Instrument und welche Art von Musik ihr gespielt habt? Habt ihr vielleicht auch eine bestimmte Person aus der Musikszene imitiert?*

d) *Die Lieblingsmusikrichtung vorstellen oder den Lieblingsmusiker/die Lieblingsmusikerin vorstellen*
   – *Welche Art von Musik gefällt dir? Begründe!*
   – *Wann hörst du diese Musik?*
   – *Woran erinnert sie dich?*
   – *In welche Stimmung versetzt sie dich?*

*Bildet Gruppen zu viert oder
zu fünft und präsentiert eure Meinung*

Aufgabe 7.
Du sprichst über dich./Sie sprechen über sich.

Wie heißt du?/Wie heißen Sie?	Ich heiße ...
Was machst du am liebsten in deiner Freizeit? Was machen Sie am liebsten in Ihrer Freizeit?	Ich mache gerne Sport. ...spiele Fußball/Volleyball/Basketball... ... singe in einem Chor. ... lese gerne Bücher/Zeitungen. ... fahre mit dem Rad/Skateboard. ... stricke/male/bastle/nähe/baue ... ... schwimme/klettere/rudere ....
Wo verbringst du deine Freizeit am liebsten? Wo verbringen Sie Ihre Freizeit am liebsten?	Ich bin am liebsten ... ... am See. ... im Jugendtreff/in der Bibliothek. ... draußen/drinnen. ... auf dem Fußballplatz. ... im Shoppingcenter. ... im Wald.
Mit wem verbringst du deine Freizeit am liebsten? Mit wem verbringen Sie Ihre Freizeit am liebsten?	Mit meiner Freundin/Mit meinem Freund. Mit meiner Familie. Mit meinen Geschwistern. Mit meinen Klassenkameradinnen/Klassenkameraden. Mit den Leuten vom Tennisclub. Mit Mädchen/Mit Jungen. Mit Katharina/Mit Rolf. Alleine.
Was brauchst du in deiner Freizeit? Was brauchen Sie in Ihrer Freizeit?	Einen Ball./Ein Buch./Ein Instrument./ Einen Tischtennisschläger./Einen Badeanzug. Geld./Malsachen./Turnschuhe. Eine Busfahrkarte./Eine Eintrittskarte./...

6 Ballspiele

Aufgabe 1.
Lest das Gespräch der Clique mit verteilten Rollen.

Bald wird die nächste Runde der Schulbezirksmeisterschaft im Basketball stattfinden. Die Clique hat beschlossen, gemeinsam mit einigen anderen Mitschülerinnen und Mitschülern daran teilzunehmen. Emine und Tjedon werden die beiden Mannschaften coachen. Sie besprechen sich kurz auf dem Schulhausplatz.

EMINE: „Wir treffen uns um 15 Uhr an der Bushaltestelle zum Training. Sei bitte pünktlich, Valeria. Namkhang ist verletzt, sie hat den Fuß verstaucht. Wen könnten wir als Ersatz einladen?"

VALERIA: „Ich nehme meine Freundin Nadine mit. Sie ist gut als Stürmerin. Und als Reservespielerin könnte ich Anna-Maria anfragen. Ich glaube, sie hätte Lust, mit uns zu kommen. Sie ist groß und trifft den Korb fast immer."

TJEDON: „Beim letzten Spiel haben wir nicht lange genug durchgehalten. Am Anfang waren wir schnell und stark, dann haben wir schlapp gemacht. Das darf uns nicht mehr passieren, auch nicht im Training."

ADNAN: „Ich weiß, ich hatte zu wenig geschlafen, darum war ich müde. Wir müssen darauf Acht geben, dass wir in Topform sind."

TJEDON: „Und du, Paolo, darfst nicht mehr schlafen unter dem Korb! Träum ein anderes Mal von deiner romantischen Musik!"

PAOLO: „Ich träume nicht beim Spielen. Aber wenn die Verteidigung am anderen Ende des Spielfeldes herumhüpft, habe ich keine Chance."

EMINE: „Wir brauchen noch einen neuen Mannschaftsnamen. Im letzten Jahr nannten wir uns „Tigerkatzen" – damit hatten wir kein Glück. Wir könnten uns einen Vogelnamen zulegen, z. B. „Die Spatzen" – weil wir so flink sind und uns niemand fassen kann."

TJEDON: „Täuscht euch nicht. Die Katzen fangen öfter mal einen Vogel."

a) Spielt ihr auch Ballspiele? Welche?
b) Welche Gemeinschaftsspiele mit einem Ball kennt ihr?

Aufgabe 2.

Schreibt die Wörter Fußball, Handball, Volleyball, Tischtennis, Tennis und Hockey je auf einen Zettel. Zieht einen Zettel (je nach Größe der Gruppe allein, zu zweit oder zu dritt).
Beschreibt diese Sportart, indem ihr möglichst viele Wörter aus dem Grundwortschatz verwendet.

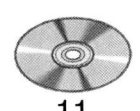

11

Nomen	Verben	Adjektive
der Fußballplatz – die Tribüne – der Fußball – das Tor – der Strafraum – der Kopfball – das Sportstadion – der Sportplatz – die Turnhalle – der Handball – das Hockey – der Hockeyschläger – der Basketball – der Korb – der Läufer/die Läuferin – die Keule – der Schiedsrichter/ die Schiedsrichterin – der Torwart/die Torwartin – das Tennis – der Tennisplatz – die Linie – das Netz – der Tennisball – der Tennisschläger – das Federballspiel (Badminton) – der Federballschläger – der Federball – das Tischtennis – der Tischtennisschläger – das Volleyballspiel – der Volleyball – der Ersatzspieler/ die Ersatzspielerin – der Trainer/ die Trainerin – der Sportclub – die Mannschaften – der Trainingsanzug – die Turnschuhe – die Sportsocken – das Stirnband – der Fan	spielen – fangen – abgeben – schlagen – kicken – dribbeln – pfeifen – laufen – verlieren – zielen – verteidigen – angreifen – rennen – stürmen – gewinnen – stürzen – (sich) verletzen – jubeln – treffen – schwitzen – zuschauen	schnell – langsam – flink – geschickt – ungeschickt – beweglich – sportlich – stark – fair – siegreich – spannend – langweilig

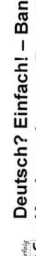

7 Jahrmarkt

Aufgabe 1.
Lies die folgende Situation.

In der 5. Klasse stehen alle vor dem Fenster. Gerade sind zwei große Lastwagen vorgefahren, um wie jedes Jahr die Bahnen für den öffentlichen Jahrmarkt aufzubauen. Er findet wie immer auf dem Schulhof statt. Ein Karussell steht bereits, aber davon sind die Schülerinnen und Schüler nicht so begeistert. Das ist etwas für die Kleinen. Eine Bahn heißt „Die wilde Ratte". Noch ist unklar, was auf dieser Bahn geschehen wird. Werden die kleinen Wagen von der Plattform oben in die Tiefe sausen? Wird man im Kreis herumgeschleudert und wie schnell läuft die Bahn dieses Jahr?

Tjedon ruft: „Ich habe noch einen Chip vom letzten Jahr. Ob der wohl dieses Jahr noch gültig ist?" Namkhang antwortet: „Sicher nicht. Das sind nicht die gleichen Schausteller wie letztes Jahr. Weißt du noch, wie schlecht es dir im letzten Jahr ergangen ist, nach drei Portionen Zuckerwatte und türkischem Honig?"

„Diesmal esse ich nichts Süßes, nur eine Kalbsbratwurst", meint Tjedon lachend. „Ich freu mich schon auf den Schießstand. Letztes Jahr habe ich so gut gezielt, dass ich den rosa Elefanten bekam", ruft Namkhang ganz stolz. „Das war sicher nur Zufall", spottet Marta.

„Das Autodrom gibt es sicher wieder in diesem Jahr. Das mag ich besonders. Wenn du Glück hast, lade ich dich ein, Namkhang!", ruft Tjedon. „Aber nur, wenn du anständig fährst. Emine hat sich letztes Jahr einen Zahn ausgeschlagen beim Autodrom. Und ich gehe nicht gern zum Zahnarzt."

„Das wird ein teures Wochenende. Letztes Jahr habe ich das Taschengeld von zwei Monaten aufgebraucht", meint Marietta, Namkhangs Freundin. „Teuer schon, aber es ist das tollste Wochenende im Jahr!"

a) Was gefällt dir am besten an einem Jahrmarkt?
b) Wofür gibst du dein Geld aus?

Aufgabe 2.
Du sprichst über dich oder über eine Freundin/einen Freund.

Was hat dir am Jahrmarkt gefallen? Was hat Valeria/Paolo am Jahrmarkt gefallen?	Mir hat das Autodrom am besten gefallen. Ihr hat die Achterbahn am besten gefallen. Ihm hat die Geisterbahn am besten gefallen.
Wo hast du die meiste Zeit verbracht? Wo hat Valeria/Paolo die meiste Zeit verbracht?	Ich war am längsten beim Schießstand. Dann stand ich lange beim Bratwurststand Schlange. Valeria war am längsten beim Büchsenwerfen. Paolo war lange bei der Wahrsagerin. Emine und Namkhang waren immer wieder auf der „Wilden Ratte". Tjedon hat sein Glück immer wieder beim „Hau den Lukas" versucht.
Wo hast du am meisten Geld ausgegeben? Wo hat Valeria/Paolo am meisten Geld ausgegeben?	Ich habe 15 Euro bei der „Wilden Ratte" ausgegeben. Valeria hat die Clique am Getränkestand eingeladen. Namkhang hat am Schießstand so lange geschossen, bis sie die blaue Seerose getroffen hat. Emine hat dreimal Zuckerwatte gekauft, bis ihr schlecht wurde.
Wer hat dir am Jahrmarkt am besten gefallen? Wer hat Paolo am besten gefallen?	Der Schausteller bei der „Wilden Ratte" hatte schöne Augen. Die Zuckerwattenverkäuferin war ganz besonders süß.

Aufgabe 3.

a) Diskutiert in kleinen Gruppen.
Wann war das letzte Mal Jahrmarkt bei euch? Geht ihr regelmäßig hin? Mit wem? Was gefällt euch besonders, was gar nicht? Sammelt in der Gruppe euren Wortschatz zum Thema „Jahrmarkt" und erstellt eine Liste! Teilt eure Wörter in die Kategorien Nomen, Verben, Adjektive.
Schreibe anhand des gemeinsam erstellten Vokabulars ein Jahrmarkt-Erlebnis in der Vergangenheit (Präteritum):
z. B. Wir gingen ..., ich fuhr ..., sie kaufte, ... er gewann, ...
Lest danach eure Texte in der Gruppe vor.

b) Suche eine Partnerin/einen Partner.
Mit ihr/ihm formulierst du einen Text in der Zukunft (Futur) mit dem Titel:
Was wir dieses Jahr auf dem Jahrmarkt unternehmen werden!

c) Stell dir vor, dein Beruf ist Konstrukteur/Konstrukteurin von Jahrmarkt-Bahnen.
Nimm ein großes Blatt Papier und zeichne eine Bahn, die nach deinen Vorstellungen gebaut worden ist.

d) Bildet eine Fünfer- bis Sechser-Gruppe. Erkläre den anderen, wie deine Bahn funktioniert! Jemand aus deiner Gruppe wirbt nachher für deine Bahn. Jede/Jeder ist einmal Konstrukteur(in) und einmal Werber(in).

e) Wettbewerb
Welche Bahn, die in eurer Gruppe vorgestellt wurde, ist die attraktivste, spannendste und originellste? Begründet eure Wahl (z. B. durch ein Punktesystem). Jede Gruppe stellt anschließend das siegreiche Projekt in der Klasse vor.

f) Stell dir vor, du könntest einen Stand auf dem Jahrmarkt aufstellen.
Was würdest du gerne anbieten/verkaufen?
Du musst dazu bei der Gemeinde ein Gesuch einreichen. Erstelle einen Text, in dem du genau beschreibst, was du anbietest und was dein Produkt oder Spiel für die Kundinnen und Kunden kosten soll.

8 Im Schnee

Aufgabe 1.
Lies die folgende Schilderung.

Endlich hat es geschneit. Und nicht nur ein bisschen, sondern so richtig. Es ist ganz still draußen. Die Straßen sind nicht geräumt, die Autos können nicht fahren.

Adnan hat Valeria angerufen, damit sie gemeinsam den Schulweg antreten können. Es wird heute sicher länger dauern. Als Valeria die Haustür öffnet, erkennt sie Adnan fast nicht wieder. Er trägt eine Mütze bis tief in die Stirn, hat einen dicken roten Schal um den Hals geschlungen. In seiner dicken Daunenjacke mit Skihosen und Moonboots passt er eher in einen Wintersportort als in Valerias Garten. Auch Valeria sieht ungewöhnlich aus mit ihrem pinkfarbenen Skianzug und der lila Schirmmütze.

Auf dem Schulhausplatz ist der Teufel los. Kaum angekommen, befinden sich die beiden schon mitten in einer Schneeballschlacht. Irgendjemand hat bereits ein Iglu gebaut. Dieses dient als Schutz vor Angriffen und als Versteck.

Nebenan bauen die Kleinen eifrig an einem Schneemann.

Das kleine Eisfeld bietet heute eine große Attraktion. Einige mutige Schülerinnen und Schüler schlittern ungebremst in großem Tempo in einen riesigen Schneehaufen.

Eigentlich müsste man jetzt das Schulhaus betreten. Es hat schon einmal geläutet, aber niemand will es wahrhaben. Heute interessiert sich niemand für die Schule.

Schließlich siegt das schlechte Gewissen. Alle trotten hinein, aber vorher werden noch die Schuhe mit dem Besen gereinigt und der Schnee so gut es geht abgeklopft. Alle haben rote Wangen und kalte Finger. Die meisten Kleidungsstücke sind durchnässt. Nur die Handschuhe haben Platz auf den Heizkörpern, der Rest muss langsam trocknen.

Alle freuen sich schon auf die große Pause.

Dann wird die Schneeballschlacht weitergehen.

a) Was gefällt dir am Winter?

b) Was machst du am liebsten im Schnee?

c) Habt ihr auch schon eine Schneeballschlacht veranstaltet? Erzählt.

Aufgabe 2.
Du sprichst über einen geplanten Ausflug im Schnee.

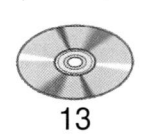

13

Woran musst du beim Vorbereiten denken?	Ich muss meine Skier und Skistöcke im Keller suchen. Ich muss die warmen Handschuhe von meinem Bruder leihen. Ich brauche unbedingt noch warme Socken. Meine Mütze darf ich nicht vergessen. Ich brauche Geld für eine Zwischenverpflegung in der Hütte.
Was wirst du auf dem Berg tun?	Ich werde einen Langlaufkurs besuchen. Ich werde in einer Gruppe Snowboard fahren. Emine und ich werden einen Schlitten mieten und die Rodelbahn hinuntersausen. Tjedon, Valeria und ich werden um den Weiher joggen. Ich möchte einen Schneemann bauen.
Wie werdet ihr auf den Berg hinaufkommen?	Wir fahren mit der Seilbahn. Von der Mittelstation aus nehmen wir den Sessellift. Emine und ich werden hinaufwandern. Vielleicht können wir mit dem Postauto bis zur Mittelstation hinauffahren.
Bist du gerne im Schnee?	Ja, ich liebe den Schnee über alles, der Winter ist meine liebste Jahreszeit. Nein, im Winter friere ich immer.

Aufgabe 2.
Schaut euch das Bild an.

a) Auf der vorhergehenden Seite siehst du Figuren, die sich bei den verschiedensten Tätigkeiten im Schnee tummeln. Hier ist eine Liste mit Tätigkeiten und Bewegungen, die du suchen sollst. Nummeriere mit einem Farbstift die jeweilige Stelle auf dem Bild mit der Zahl, die auf der Liste steht. Manchmal gibt es auch mehrere Möglichkeiten.

1. Skilift fahren
2. Sessellift fahren
3. Snowboarden
4. Ski langlaufen
5. Seilbahn fahren
6. stürzen
7. Ski springen
8. Slalom fahren
9. rodeln
10. Schneeschuhe laufen
11. Bob fahren
12. sonnenbaden
13. Schneemann bauen
14. Schneeball werfen
15. frieren
16. sich ausruhen
17. Schlittschuh laufen
18. Curling spielen
19. Hockey spielen
20. In einer Skischulgruppe fahren

Aufgabe 5.
Du bist Chefin/Chef eines Tourismus-Büros in einem Wintersportort. Du wählst drei Sportarten aus, für die du Werbung machen willst. Du erstellst eine Broschüre oder ein Faltblatt und preist darin die Vorzüge dieser Sportarten an. Du darfst schreiben, zeichnen, kleben (Hilfsmittel: Prospekte eines Reisebüros).

Aufgabe 6.
Übst du auch eine Wintersportart aus? Wenn ja, welche und warum?
Wenn nein, welche würdest du gerne ausüben?

Aufgabe 7.
Schreibe eine Fantasie-Geschichte über einen Schneemann oder eine Schneefrau.
Sie soll witzig, traurig, melancholisch oder lustig sein

Aufgabe 8.

*Schreibe einen Text, in dem du ein persönliches Erlebnis im Schnee schilderst.
Als Hilfsmittel verwendest du den in der Tabelle angegebenen Grundwortschatz und das Suchbild S. 38.*

Nomen	Verben	Adjektive
der Schnee – die Schneeflocke – das Schneetreiben – der Schneeball – die Schneeballschlacht – der Schneehaufen – der Schneepflug – der Schneemann – die Lawine – das Eis – der Eiszapfen – das Eisfeld – das Glatteis – der Schlittschuh – das Eishockey – das Eislaufen/ das Schlittschuhlaufen – der Eiskunstlauf – das Iglu – der Ski (Pl.: die Skier – auch: der Schi) – der Skistock – der Skischuh – der Langlaufski – die Loipe – die Piste – die Schanze – das Snowboard – die Seilbahn – der Sessellift – der Schlepplift – der Schlitten – die Rodelbahn – der Bob – der Pferdeschlitten – die Skihütte/die Berghütte – der Sturz – der Wintersportort	es schneit – Ski fahren – Eis laufen/ Schlittschuh laufen – Schneeball werfen – Eishockey spielen – rodeln – stürzen – rutschen – frieren – sich erkälten – sich warm anziehen – einen Schneemann/ ein Iglu bauen – Skilift fahren – bremsen – gleiten – springen – Slalom/ Kurven fahren – stapfen	(bitter)kalt – nass – sonnig – dunkel – eisig – matschig – rutschig – winterlich – pulverig – feucht – trocken – rasant – vorsichtig – elegant – sicher/unsicher – frostig – windig – weiß

Aufgabe 9.

Lest die Geschichte „Die Mütze, die immer fror.".

In der dritten Schublade der alten Kommode lag ganz hinten eine Strickmütze. Sie hieß Emma, war farbenprächtig und hatte Silberfäden eingewoben. Ihre Sterne glitzerten, aber trotzdem war sie unglücklich, weil man sie dort hinten vergessen hatte. Eigentlich hatte Emine sie von ihrer Lieblings-Tante bekommen, weil sie ständig an den Ohren fror. Aber Emine merkte bald, dass die Mütze zwar schön war, aber nicht wärmte. Die Silberfäden wurden draußen eisig kalt und der Wind pfiff durch die Maschen. Darum blieb Emma trotz ihrer Schönheit in der Schublade liegen.

Als Emma zusehen musste, wie ihre Kollegen, der Filzhut und die Wollkappe, ständig an die frische Luft geholt wurden, beschloss sie, selbst aktiv zu werden. Als die Schublade das nächste Mal aufging, sprang Emma in die Hände von Emine. Sie strahlte Emine an, funkelte mit den Silberfäden und schmiegte sich in ihre Hand. Emine sprach zu Emma: „Meine Liebe, ich habe dich ja sehr gern, aber du weißt, dass wir beide immer frieren, sobald wir miteinander draußen sind. Der Winter ist nichts für dich, dir ist ja immer kalt."

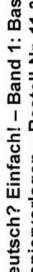

Als Emine sah, wie traurig Emma in sich zusammenfiel, überlegte sie einen Moment. Was konnte man tun, um Emma winterfest zu machen? Plötzlich kam ihr eine Idee. „Weißt du was? Ich nehme dich mit zu meiner Großmutter. Sie kann gut nähen und stricken. Vielleicht weiß sie, was man mit dir tun könnte, damit du nicht mehr so frierst."

Und so kam es, dass die Mütze Emma im darauf folgenden Winter auf dem Kopf von Emine glücklich glitzerte. Emines Großmutter hatte ihr ein warmes Futter eingenäht, das keinen Wind durchließ und die Ohren warm hielt.

Von da an tummelte sich Emine mit Emma im Schneegestöber und es sah so aus, als wäre es nie anders gewesen.

a) *In der Geschichte von der Mütze, die immer fror, findest du 14 verschiedene Adjektive (einige kommen zweimal vor). Unterstreiche alle Adjektive mit gelbem Farbstift. Schreibe sie in die Tabelle und suche das Gegenteil des jeweiligen Adjektivs, wenn dies möglich ist. Manchmal gibt es mehrere Lösungen oder du musst eine ganz andere Wendung suchen.*

Adjektiv im Text	Gegenteil des Adjektivs
Beispiel: alt	Neu

Aufgabe 10.
Stell dir Emma genau vor. Welche Adjektive würden noch zu ihr passen?

9 Ramadan & Bairam

Aufgabe 1.
Lies den folgenden Text.

„Hast du für die Mathematikprüfung schon gelernt, Tjedon?", fragt Sandra.
„Nein, denn ich weiß noch gar nicht, ob ich überhaupt da bin. Morgen ist nämlich Bairam. Ich dürfte morgen mit gutem Gewissen zu Hause bleiben."
„Bairam, was ist denn das? Das habe ich noch nie gehört", meint Sandra.
„Jetzt ist die Fastenzeit, der Ramadan, vorbei. Während dieser Zeit dürfen wir von Sonnenaufgang bis Sonnenuntergang weder essen noch trinken. Zum Schluss gibt es ein großes Fest, Bairam, und das ist morgen."
„Heißt das, dass du in die Schule kommst, ohne gefrühstückt zu haben?", fragt Sandra.
„Nein, wir stehen meistens eine Stunde vor Sonnenaufgang auf und essen und trinken ausgiebig. Es muss ja auch lange anhalten", erklärt Tjedon. „Wir informieren uns immer übers Fernsehen oder Radio, wann genau Sonnenaufgang ist."
„Und wenn du Durst hast, zum Beispiel nach dem Turnen? Darfst du denn gar nichts trinken?", will Sandra wissen.
„Nein, aber so schlimm ist das gar nicht. Man gewöhnt sich dran", meint Tjedon.
„Und warum dürft ihr nichts essen und trinken?"
„Für uns Muslime soll das ein Training sein, damit wir willensstark sind und Durchhaltevermögen lernen. Und außerdem denken wir an solchen Tagen auch daran, dass es Menschen gibt, die immer Hunger leiden."
„Ab und zu würde das wahrscheinlich allen gut tun. Wenn das nächste Mal Ramadan ist, dann mach mich doch darauf aufmerksam. Ich versuche dann auch einmal ein paar Tage mitzumachen."

a) Was ist der Sinn der Enthaltsamkeit im Ramadan?

b) Gibt es in deiner Religion auch Fastenbräuche?

Aufgabe 2.

Tjedon informiert die Lehrerin und seine Klasse.

„Morgen Nachmittag kommen Sertunç, Fatime, Ismire, Bardyl und ich nicht in die Schule. Eigentlich dürften wir den ganzen Tag fehlen, aber weil viele Eltern arbeiten müssen, haben wir beschlossen, am Morgen doch noch zu kommen. Wir gehen ja schließlich gerne in die Schule. Am Nachmittag gehen wir in die Moschee. Danach beginnt das Fest. Wir können nach Herzenslust essen und trinken. Ihr könnt euch gar nicht vorstellen, was für gute Sachen da auf den Tisch kommen. Wir besuchen auch Verwandte und andere Familien. Wir Kinder bekommen auch Geschenke. Bairam ist das schönste Fest im ganzen Jahr, weil es so viele selbst gemachte Süßigkeiten gibt. Darum heißt es auch das Zuckerfest."

a) Wie heißt das Gotteshaus der Muslime?

b) Warum liebt Tjedon den Abschluss des Ramadans?

Aufgabe 3.
In den beiden Texten über Ramadan und Bairam habt ihr einige Informationen über muslimische Traditionen kennen gelernt. Jede Religion und jedes Land kennt Feste und Bräuche.
Überlege und notiere in dein Heft:

a) Welcher Religion gehörst du an? Oder bist du konfessionslos?

b) Welches Fest im Jahr feierst du am liebsten? (Geburtstagsfest gilt nicht!)

c) Warum gefällt dir dieses Fest besonders gut?

d) Kennst du andere Feiertage im Jahr, die mit deinem Glauben zu tun haben?

e) Welche Rituale, Traditionen oder Vorbereitungen auf ein Fest gibt es bei dir zu Hause?

f) Gibt es besondere Kleidungsstücke, die für ein Fest wichtig sind oder eine besondere Bedeutung haben?

Aufgabe 4.
Bildet kleine Gruppen und lest einander eure Notizen vor. Haltet dabei fest, wie viele unterschiedliche Religionen in eurer Gruppe vertreten sind.

a) Notiert auf einem Plakat, welche Feste, Traditionen und Rituale in eurer Gruppe als besonders bedeutsam bewertet wurden. Schreibt auch auf das Plakat, warum eure Wahl so ausgefallen ist.

b) Präsentiert euer Plakat der Klasse und erzählt, wie ihr zu diesem Ergebnis gekommen seid.

c) Gibt es Gemeinsamkeiten, die ihr zwischen den Religionen feststellen könnt?

d) Sind die anderen Gruppen zu ähnlichen Ergebnissen gekommen? Diskutiert.

10 Feste & Feiertage in Deutschland

Im Kalender von Valeria sind Feste und Feiertage des ganzen Jahres von Deutschland aufgeführt.

Feststehende Feiertage:

1. Januar	*Neujahr*	6. Januar	*Hl. Drei Könige*
1. Mai	*Tag der Arbeit*	3. Oktober	*Tag der deutschen Einheit*
31. Oktober	*Reformationstag*	1. November	*Allerheiligen*
2. November	*Allerseelen*	6. Dezember	*Sankt Nikolaus*
8. Dezember	*Mariä Empfängnis*	24. Dezember	*Heiliger Abend*
25. Dezember	*1. Weihnachtstag*	26. Dezember	*2. Weihnachtstag*
31. Dezember	*Silvester*		

Variable Feiertage:

Rosenmontag	Fasnachtsdienstag
Aschermittwoch	Karfreitag
Ostern (Ostersonntag/-montag)	Muttertag
Christi Himmelfahrt	Pfingsten (Pfingstsonntag/-montag)
Fronleichnam	Buß- und Bettag
Mariä Himmelfahrt	

Aufgabe 1.
Die Feiertage sind nicht in allen Bundesländern gleich.

a) *Bildet Zweiergruppen und schaut nach, welche Feste auch in eurem Schulferienplan erscheinen. Welche Feste kommen nicht vor?*

b) *Entscheidet euch für ein Fest (außer Jahrmarkt!). Sprecht euch untereinander ab, damit möglichst unterschiedliche Feste vorkommen. Sammelt Informationen rund um ein Fest (Internet, Bücher, Interviews usw.) und stellt euer Fest dann den andern vor.*

Aufgabe 2.
Du findest hier Gegenstände und Tätigkeiten auf dem Bild und in den Beschreibungen daneben, die zu einer ganz bestimmten Zeit im Jahr oder zu einem ganz bestimmten Fest gehören.

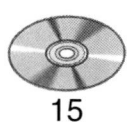

15

Auferstehung

Eiersuche

Engel

Feuerwerk

Geister vertreiben

Hase

Konfetti

Mauerfall

Nüsse

Rosen

Tannenbaum

Völkerverbindung

a) Schreibe die Begriffe in die richtige Spalte.

Silvester	3. Oktober	Fasnacht/Karneval
Weihnachten	**Valentinstag**	**Ostern**

11 Im Schullandheim

Aufgabe 1.
Lest die folgende Situation.

Vier Wochen vor Abreise der 6c ins Klassenlager gibt es eine große Aufregung in der Clique. Nesrine berichtet, dass ihre Eltern ihr verboten haben, an der Klassenfahrt teilzunehmen. Sie soll in dieser Zeit den Unterricht in einer anderen Klasse besuchen.

PAOLO:	„Das verstehe ich nicht. Haben deine Eltern Angst, dass du nichts lernst im Schullandheim? Wir arbeiten doch an einem Projekt über die Tiere im Naturpark."
EMINE:	„Dürfen denn die so etwas bestimmen? Du gehörst doch zur Klasse. Warum wollen sie, dass du nicht mitkommst?"
NESRINE:	„Meine Eltern wissen gar nicht so genau, was eine Klassenfahrt ist. Sie wollen nicht, dass ich auswärts schlafe. Sie haben einfach Angst, wenn ich weg bin."
PAOLO:	„Aber der Lehrer und die Mutter von Silvia kommen auch mit. Die passen schon auf uns auf!"
NESRINE:	„Sie kennen das Leben hier noch zu wenig. Sie machen sich immer Sorgen."
EMINE:	„Bei mir war es früher auch so. Und meine ältere Schwester hatte das gleiche Problem. Inzwischen haben wir viel miteinander gesprochen und sie haben verstanden, wie wichtig es mir ist, bei den anderen zu sein. Soll meine Mutter einmal mit deiner reden?"
NESRINE:	„Danke, das ist sehr lieb von dir. Ich würde schrecklich gerne mitkommen. Wir haben ja noch etwas Zeit, vielleicht kann ich meine Eltern umstimmen."
PAOLO:	„Unser Lehrer redet doch sicher auch mit deinen Eltern und erklärt ihnen, dass ein Schullandheimaufenthalt nichts als Schule an einem anderen Ort ist. Das ist nichts Gefährliches."
NESRINE:	„Versprecht mir bitte, das nicht allen in der Klasse zu erzählen – es ist mir sehr unangenehm."

Paolo und Emine nicken. Sie verstehen, dass Nesrine nicht will, dass dieses Thema in der ganzen Klasse diskutiert wird.

a) *Wart ihr schon in einem Klassenlager?*

b) *Wohin ging die Fahrt und was war das Thema?*

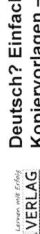

Aufgabe 2.

Hast du auch schon Situationen erlebt, in denen deine Eltern dir etwas verboten haben?

a) Schreibe eine solche Begebenheit auf ein Blatt. Kannst du verstehen, warum deine Eltern damals nein gesagt haben? Oder ist es dir wirklich unverständlich? Du musst deinen Namen nicht schreiben - nur, wenn du willst.
Die Lehrperson sammelt dann die Blätter ein und liest sie vor.

b) Diskutiert, was ihr gehört habt.

c) Legt nun gemeinsam eure Standpunkte fest:
– Bei welchen Begebenheiten ist die Reaktion der Eltern verständlich?
– In welcher Situation ist das ausgesprochene Verbot für euch unverständlich?
Könnt ihr euch einigen?

d) Stell dir vor, du bist Mutter/Vater und hast eine Tochter oder einen Sohn in deinem Alter. Worauf würdest du in der Erziehung achten? Was würdest du sicherlich verbieten? Wo würdest du ein Auge zudrücken? Was würdest du erlauben? Diskutiert in der Gruppe.

Aufgabe 3.
Hier ist eine Liste mit verschiedenen Situationen, die unterschiedlich eingeschätzt werden können:

– Eine Bergtour unternehmen
– Ins Freibad gehen
– In die Disco gehen
– Ins Kino gehen
– Bei jemandem übernachten
– Mit einem fremden Hund spazieren gehen
– Ein Kind hüten
– Mit dem Bus oder der Straßenbahn in der Stadt herumfahren
– Alleine zu Hause sein
– Eine Radtour unternehmen

a) Diskutiert in kleinen Gruppen: Ist die beschriebene Situation heikel/gefährlich/unanständig? Unter welchen Umständen findet ihr diese Situation unproblematisch? Was braucht es, damit ihr euch dieser Situation gewachsen fühlt?

b) Erfindet selber mindestens drei ähnliche Beispiele in der Gruppe und schreibt diese auf ein Blatt. Lest diese Beispiele den anderen vor und sucht gemeinsam nach Hilfestellungen oder Lösungswegen.

Aufgabe 4.
Geschichte „Panik im Waschraum"

Am dritten Tag, einem Mittwoch, kommen alle müde von einer Wanderung ins Schullandheim „Die weiße Spinne" zurück. Fast alle sind fertig mit dem Duschen, nur Paolo bleibt noch etwas länger im Waschraum: Er braucht mehr Zeit als die anderen, weil er seine langen Haare noch föhnen muss. Plötzlich ein Knacken in der Leitung – und Paolo steht im Dunkeln. Der Föhn funktioniert nicht mehr. Totenstille im Waschraum. Dann knarrt eine Türe. Paolos Herz klopft wie wild.

a) Schreibe die Geschichte in deinem Heft zu Ende!

12 Eine Show in der Schule

Aufgabe 1.

„Deutschland sucht den Superstar" heißt in der Schule „Die Schule sucht den Superstar" – und diese Show startet jetzt! 2 Jungen und 3 Mädchen aus der Clique machen mit. Sie sitzen auf einer Bank und warten auf ihren Auftritt.

a) Schreibe die Namen der Kinder auf die Tafeln.
   Fülle die Tabelle nach den Angaben unten aus.

16

					Farbe des Pullovers
					Reihenfolge
					Lied

1. Das Kind im blauen Pullover sitzt zwischen Paolo und dem Kind mit der Nr. 1.
2. Das Kind, das zwischen Emine und Nesrine sitzt, trägt einen gelben Pullover.
3. Paolo sitzt ganz links.
4. Das Kind mit der Nr. 3 trägt einen blauen Pullover.
5. Emine singt „Love me."
6. Nesrine hat die Nr. 2.
7. Es ist Adnan, der das Lied „Oh Happy day" singt.
8. Valeria hat die Nr. 4.
9. Der violette Pullover wird vom Kind mit der Nr. 5 getragen.
10. Das Kind, das einen grünen Pullover trägt, singt einen Rap.
11. Valeria singt das gleiche Lied wie das Kind mit dem roten Pullover.
12. Das Kind, das „99 Luftballons" singt, trägt einen violetten Pullover.
13. Das Kind mit dem roten Pullover sitzt links von dem Kind mit dem gelben Pullover.

b) Welches Kind hat die Nr. 1? _____

Aufgabe 2.
Planungen für die eigene DSDS-Show.

a) Überlegt in kleinen Gruppen und präsentiert eure Überlegungen der Klasse:

Welcher besondere Platz im Schulhaus oder in einem Nebengebäude der Schule wäre für eine DSDS-Veranstaltung geeignet? Wo kann man eine Bühne einrichten? Wo sitzt das Publikum?

b) Entscheidet euch nun für die beste Möglichkeit!

Aufgabe 3.
Ein Rollenspiel durchführen
Bildet eine Gruppe und wählt eine Szene von 3–4 Minuten aus einer DSDS-Sendung aus (z. B. Präsentation der Kandidatinnen und Kandidaten, Darbietung einiger Kandidatinnen/Kandidaten, die letzten Minuten vor der Abwahl einer Kandidatin/eines Kandidaten).

Aufgabe 4.
Eine Schulveranstaltung nach eigenen Ideen entwerfen

a) Eine Show-Alternative: Überlegt in einer kleinen Gruppe, welche Art von Schulveranstaltung ihr gerne durchführen möchtet (ein Theaterstück, einen Elternabend, ein Konzert zu einem bestimmten Anlass, einen Flohmarkt, eine Lesung, einen Sportanlass, usw.).

b) Welcher Platz auf dem Schulareal wäre dafür geeignet? Schaut euch im Schulhaus und in der unmittelbaren Umgebung (Pausenhof, Turnhalle, Eingangshalle der Schule usw.) um und entscheidet euch für einen Ort.
Zeichnet auf einem Plakat, wie ihr diesen Ort gestalten könntet, damit für diesen ausgewählten Anlass eine gute Atmosphäre herrscht. Braucht ihr Möbel aus anderen Räumen? Matten aus der Turnhalle? Eine bestimmte Dekoration? Pflanzen?

c) Präsentiert das Plakat der Klasse und erklärt möglichst genau, wie eure Veranstaltung aussehen soll. Wer ist dabei? Was tut man? Wie lange dauert der Anlass? Wollt ihr den Anlass dokumentieren (Fotos, Zeitungsartikel, Interviews auf Band aufnehmen, usw.)?

d) Wenn ihr euch vorstellen könnt, diese Show zu veranstalten – macht es! Eure Lehrerin/euer Lehrer unterstützt euch dabei!

13 Ein Abschiedsfest

Aufgabe 1.

Kaiko, ein Mädchen aus der 5. Klasse, wird nach drei Jahren in Deutschland wieder in ihre Heimat Finnland zurückkehren. Die Familie lebte in Deutschland, weil der Vater für diese Zeit eine Stelle in Stuttgart angenommen hatte. Obwohl Kaiko immer gewusst hatte, dass dieser Tag einmal kommen würde, ist es jetzt doch schwierig für sie, ihre Klassenkameradinnen und -kameraden verlassen zu müssen.

Die Klasse nimmt dieses Ereignis zum Anlass, ein richtiges Abschiedsfest vorzubereiten. Eigentlich ist es traurig, dass Kaiko weggeht, andererseits wollen die Mädchen und Jungen der 5. Klasse ihr noch einmal ein richtig lustiges Fest organisieren.

Heute treffen sie sich, um das Fest vorzubereiten.

a) Gab es bei euch auch schon eine ähnliche Situation in der Klasse? Habt ihr damals auch etwas organisiert? Warum oder warum nicht?
Woran muss man denken, wenn man ein Fest organisiert? Diskutiert und haltet eure Ergebnisse auf einem Plakat fest.

Was?	Wer?	Besonders zu beachten!

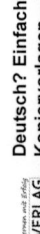

Aufgabe 2.
Du sprichst über Feste bei euch.

Wenn ihr ein Klassenfest vorbereitet, was ist euch wichtig?	Uns ist wichtig, dass ... ... viele Gäste kommen ... gute Musik läuft. ... viele Spiele organisiert werden. ... feine Snacks und Getränke da sind. ... wir lässig angezogen sind. ... alle gute Laune haben.
Wo feiert ihr am liebsten?	Wir feiern am liebsten ... ... in der Turnhalle. ... im Jugendtreff. ... zu Hause. ... bei Joëlle und Christina. ... in der Waldhütte. ... am Lagerfeuer.
Wen ladet ihr ein?	Die besten Freundinnen und Freunde. Die Parallelklasse. Den Volleyballclub. Die Clique und deren Freunde. Die Familie und die Verwandtschaft. Alle einsamen Herzen.
Was ist euch beim Feiern sonst noch wichtig?	Mir ist wichtig, dass ... ... ich meine spitzen Schuhe trage. ... ich Gel ins Haar schmieren kann. ... ich die Jeans mit den Löchern anziehe. ... ich meinen Lieblingsgürtel benutze. ... meinen Blumenring trage. ... ich gut rieche. ... mich niemand stört. ... ich nicht allzu früh nach Hause muss.

Aufgabe 3.

Lest das Gespräch mit verteilten Rollen.

TJEDON: „Pass auf, Martin, dass Kaiko nicht zur Türe hereinkommt. Lenke sie ab und erzähl ihr einen Witz."

SANDRA: „Sie darf ja nichts erfahren, es soll wirklich eine Überraschung sein!"

KARIN: „Gestern hat sie fast Namkhangs Zettel gefunden. Wir müssen besser aufpassen."

SANDRA: „Herr Zumstein hat gesagt, dass wir das Fest in der Turnhalle machen können. Wir müssen nachher allerdings sauber machen."

TJEDON: „Toll, da haben wir richtig viel Platz. Da richten wir eine Disco ein. Kaiko tanzt ja so gern."

KARIN: „Dann möchte ich Discjockey sein. Ich kann gut auflegen und habe eine riesige CD-Sammlung."

LEO: „Nein, ich will. Ich habe auch eine Anlage."

SANDRA: „Stop, ein Streit nützt uns jetzt gar nichts. Ist doch super – macht es zusammen. Dann haben wir die Musik schon organisiert."

TJEDON: „Und ich bringe eine Spiegelkugel von meinem Bruder mit."

NAMKANG: „Und ich mache Gemüsedips mit einigen Saucen."

LEO: „Also so geht das nicht. Wir müssen eine Liste machen mit allem, was wir vorbereiten müssen. Und dann verteilen wir die Aufträge."

SANDRA: „Also los, ich schreibe auf."

NAMKANG: „Nein, jetzt läutet es schon. Es gibt noch viel zu tun. Wir müssen das heute Nachmittag besprechen. Wo treffen wir uns?"

TJEDON: „Nach der Schule unter dem Kastanienbaum."

a) Habt ihr auch schon ein Abschiedsfest organisiert? Für wen?

b) Wer hat teilgenommen?

c) Wo habt ihr es durchgeführt?

Aufgabe 4.

Und so sah die Liste der 5. Klasse aus:

Was?	Wer?	Besonders zu beachten!
Musik	Karin und Leo	Karin: CDs, Leo: Anlage
Turnhalle reservieren, Schlüssel holen und abgeben	Sandra	alle: aufräumen und putzen
Dekoration organisieren	Tjedon und Katharina	Keine Nägel in die Wand schlagen!
Getränke einkaufen	Martin und Marie-Louise	kein Alkohol
Essen vorbereiten	Namkhang und Sertunç	auch für Vegetarierinnen/ Vegetarier und Muslime/ Musliminnen
Einladung schreiben und Kaikos Eltern informieren	Peter	aufpassen, dass Kaiko nichts merkt
Geschenk und Karte besorgen	Frau Rinderbacher und Monique	alle müssen unterschreiben
Spiele für zwischendurch organisieren	Tamara und Thomas	Nichts Peinliches!

a) Diskutiert:
Wer in eurer Klasse ist Fachfrau oder Fachmann für welches Aufgabenfeld?

Aufgabe 5.
Lest den Bericht von Kaikos Abschiedsfest.

Die ersten Gäste kamen um 17 Uhr. Kaiko wurde um 17.30 Uhr erwartet. Alle hatten sich schön gemacht: Namkhang kam im langen Jupe, kombiniert mit weißen Turnschuhen. Tjedon hatte eine Seidenkrawatte passend zum Stirnband umgebunden und sah sehr elegant aus.

Totenstille herrschte, als Kaiko mit Augenbinde am Arm ihrer Eltern in die Turnhalle geführt wurde. Dann kam ein lauter Schrei – der Discjockey Peter hatte Kaikos Lieblingslied aufgelegt. 99 bunte Luftballons – von Sandra als Dekorateurin organisiert – schwebten im Raum. Und die Spiegelkugel von Thomas glitzerte mit den Ohrringen von Marie-Louise um die Wette.

Es war heiß in der Turnhalle – alle hatten mächtig Durst. Die Getränke, die Tamara und Marie-Louise organisiert hatten, waren sehr begehrt. Sertunç verteilte seine selbst belegten Sandwichs und Namkhangs Gemüsedips fanden großen Anklang. Die Stimmung war ausgelassen und schön.

Zwischen den Tanzblöcken gab es Spiele. Zu diesen forderten Sandra und Leo ihre Klassenkameradinnen und -kameraden sehr geschickt auf. Kaiko strahlte sogar, als sie das Flaschenspiel gewann. Sie durfte, musste oder wollte Peter auf die Wange küssen.

Plötzlich klopfte Frau Zumstein an ein Glas um anzukündigen, dass sie eine kleine Rede halten wollte. Sie lobte Kaiko für ihren Einsatz in der Schule und wünschte ihr alles Gute im Namen der Klasse. Dann überreichte sie das T-Shirt mit dem Klassenfoto und den Unterschriften aller Kinder. Monique gab Kaiko eine Karte und ein hübsches kleines Päckchen. Dieses durfte sie aber erst in Finnland auspacken (darin befand sich ein Adressbuch mit allen Anschriften und Telefonnummern der ganzen Klasse).

a) *Habt ihr es gemerkt? Im Text haben sich 7 Fehler eingeschlichen. Unterstreicht sie! Lest dann den Text, so wie er richtig heißen müsste.*

Aufgabe 6.
a) *Bildet Gruppen zu fünft. Schlüpft in die Rolle einer der Personen auf dem Bild.*

b) *Schildere mündlich, was in diesem Moment vorgeht und wie du dich dabei fühlst.*

c) *Vergleicht eure Wahrnehmung dieser Situation und achtet auf Gemeinsamkeiten und Unterschiede. Nehmt dazu den Grundwortschatz Aufgabe 7 zu Hilfe.*

Aufgabe 7.
Grundwortschatz „Abschiedsfest"

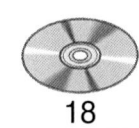

Nomen	Verben	Adjektive
die Einladung – die Freude – die Kameradin/der Kamerad – die Verwandten – der Raum – die Garderobe – die Turnhalle – der Jugendtreff – das Licht – die Musikanlage – die Hausmeisterin/der Hausmeister – die Erlaubnis – das Kleid/die Kleider – die Frisur – das Make-up – das Essen – das Getränk – die Snacks – die Bar – die Tanzfläche	tanzen – organisieren – essen – trinken – einkaufen – reservieren – einladen – schreiben – telefonieren – fragen – sich schminken – flirten – anziehen – aufhängen – einrichten – dekorieren – putzen – aufräumen – sich freuen – singen – küssen	traurig – fröhlich – lustig – romantisch – melancholisch – übermütig – frustriert – wütend – glücklich – unglücklich – hoffnungsvoll

a) Schreibe jetzt deine Wahrnehmung der Szene des Abschiedsfestes von Seite 54 auf.

14 Ein Abschied

Aufgabe 1.
Lest das Gespräch mit verteilten Rollen.

VALERIA:	„Emine, weißt du schon, in welche Schule du nach den Sommerferien gehen wirst?"
EMINE:	„Nein, das wird erst nächste Woche entschieden. Hoffentlich in die Enzian-Schule, das ist in der Nähe. Ich habe auch gehört, dass die Lehrpersonen dort nett sind."
ADNAN:	„Das ist schon traurig. Drei von uns sind nach den Sommerferien nicht mehr in unserer Schule. Das wird öd. Stellt euch vor, die Pausen ohne die Sprüche von Nesrine und Paolo! Ich schlafe gleich ein bei dem Gedanken!"
VALERIA:	„Und ich habe doch immer mit Emine das Frühstücksbrot getauscht. Ihre Mutter gab ihr immer meine Lieblingssandwiches mit."
TJEDON:	„Ja, das wird hart. Und für unsere Basketball-Mannschaft ist das ein echter Verlust. Vielleicht spielen wir dann gegeneinander!"
EMINE:	„Ja, das ist wirklich schlimm."
PAOLO:	„Hört auf zu jammern. Wir wohnen ja immer noch im gleichen Ort. Wir sehen uns am Mittwochnachmittag und am Wochenende. Und ihr wisst ja: Nach einer Trennung schätzt man seine Freundinnen und Freunde wieder ganz besonders!"
NESRINE:	„Ihr habt es gut. Ihr bleibt zusammen. Wir wissen noch nicht einmal, ob wir in die gleiche Schule kommen und schon gar nicht, ob wir in der gleichen Klasse sind. Nur schon der Gedanke sorgt für Bauchweh."
PAOLO:	„Wer weiß, ob wir jemals wieder so gute Stimmung haben werden? Ihr werdet mir fehlen!"
NAMKHANG:	„Für mich waren das die zwei schönsten Jahre in meinem ganzen Leben – wegen euch."
ADNAN:	„Solche Freunde finde ich nie wieder!"
EMINE:	„Uns gibt es auch nächstes Jahr noch. Wir sehen uns wieder."

a) *Der Wechsel des Schulhauses und der Schulstufe machen Nesrine zu schaffen. Es ist traurig, seine Freundinnen und Freunde und das gewohnte Umfeld zurückzulassen. Es macht auch ein bisschen Angst in eine Klasse zu gehen, in der man die Schülerinnen und Schüler noch nicht kennt.*

Was denkst du über diese Situation? Hast du selber schon etwas Ähnliches erlebt? Bietet eine solche Situation auch eine neue Chance? Wenn ja, wozu könnte man diese Gelegenheit nutzen?
Falls du eine ähnliche Situation schon erlebt hast: Was hat dir geholfen, diese Situation zu meistern?

Schreibe deine Gedanken zu dieser Situation auf. Lest sie anschließend in kleinen Gruppen vor.

Lösungen

1 Die Clique

S. 9/10
Aufg. 1: Valeria, Paolo, Tjedon, Namkhang, Nesrine, Emine, Adnan

S. 11
Aufg. 5: Namkhang – mit ihren Eltern; Tjedon – Stirnband; Adnan – Taucher; Nesrine – 14 Jahre; Emine – Selbstverteidigungskurs; Paolo – Klavier; Nesrine - Ohrringe; Valeria mit Vater und Großeltern; Namkhang – 12 Jahre; Paolo – Konzerte; Tjedon – 4 Brüder/2 Schwestern; Emine – Second Hand Laden; Valeria – 4. Klasse; Tjedon – Wohnblock; Namkhang – sportlich; Adnan – 11 Jahre; Valeria – Architektin; Nesrine – 2 Schwestern/1 Bruder; Tjedon – gern viele Leute; Paolo – lange Haare

3 Lieblingsplätze

S. 17
Aufg. 10a):

Valeria	IETRUAERDEW	Trauerweide
Adnan	FEUSERE	Seeufer
Stephanie	PCHSOPNGIENTER	Shoppingcenter
Miikael	STOOBSHAU	Bootshaus
Abdellatif	BLALLPFUSSAZT	Fussballplatz
Lara	ESTELLETSHAUBL	Bushaltestelle
Emil	PLARATZCPARK	Carparkplatz
Ann	ERSTEFEUELL	Feuerstelle
Lidija	DARWALND	Waldrand
Nicola	ULSCHNGARET	Schulgarten
Tayishah	STERNKNABEF	Fensterbank
Aarif	LUSCHÜKCHE	Schulküche
Mauritius	NESORETEB	Rosenbeet

4 Im Freibad

S. 20
Aufg. 3
albanisch
1. Kurrë me stomakë të plotë ose të zbrazët të notoni! – Pas ngrënies së mirë dy orë të pritni. Dhe largohuni Alkoholit.
2. Kurrë mos hyni në ujë kur të keni nxehtë! – Trupit i duhet kohë për përshtatje.
3. Mos hyni në ujë të pnajohur ose të trubullt! – E panjohura nxjerrë rreziqe.
4. Fëmijet e vegjël kurrë pa i pasur në sy mos i leni në ujë! Ata nuk dijnë për rreziqet.
5. Minderët prej ajrit apo ndihmat për not nuk duhen për ujë të thellë! – Ato nuk japin siguri.
6. Kurrë mos notoni vetë largë! – Edhe trupi i trajnuar mirë mundë të ketë ndonjë ligshtësi.

türkisch

Ve bu yüzme kurallari acikhavzun önündeki büyük bir levhada yazili.
1. Kesinlikle tok yada ac karnina yüzmeyiniz! – Yemek yedikten sonra 2 saat bekleyiniz. Alkol icmeyiniz.
2. Kesinlikle uzun süre güneslendikten sonra suya atlamayiniz. Vücudunuzun suyun sogukluguna alismasi lazim.
3. Bulanik ve tanimadiginiz sulara girmeyiniz. Tehlike olusabilir.
4. Kücük Cocuklari yanliz baslarina suda birakmayiniz! – Onlar tehlikeyi anlayamazlar.
5. Plaj minderlerini ve can simitlerini derin havuzda kullanmayiniz. Cünkü güvenceleri yoktur.
6. Uzun mesafede yalniz yüzmeyiniz! – Her ne kadar sporcu kimligine sahip olsanizda, vücudta ani kuvvet kayibi olabilir.

italienisch

11. Non nuotare mai a stomaco pieno o completamente vuoto: attendi, dopo un pasto abbondante, almeno 2 ore. Evita gli alcolici!
12. Non tuffarti sudato in acqua: il tuo corpo deve gradualmente abituarsi!
13. Non tuffarti in acque torbide o sconosciute: le situazioni sconosciute presentano pericoli.
14. Non lasciare bambini incustoditi vicino alla riva: essi non conoscono i pericoli.
15. Materassini e oggetti gonfiabili per il nuoto non devono essere usati in acque profonde: essi non danno alcuna sicurezza.
16. Non nuotare lunghe distanze da solo: anche il corpo ben allenato può subire debolezze.

portugiesisch

7. Não se pode nadar com a barriga muito cheia nem muito vazia! – Esperar 2 hs (duas horas) depois de comer. Não ingerir álcool.
8. Não entrar na pixcina com o corpo suado! – O corpo prcisa de uma temperatura adequada.
9. Não pular em águas sujas e desconhedidas! – Lugares desconhecidos pode ser perigoso.
10. Não deixar as crianças sozinhas na àgua. – Elas não conhecem o perigo.
11. Não deixar os colchões de ar e nem as bóias na água! – Elas não são seguras.
12. Não nadar sozinho nas piscinas longas! – Até o Atletas não podem facilitar.

russisch

Eine russische Übersetzung wäre sinnvoll – habt ihr da jemanden?

serbokroatisch

1. Никада гладни или превише сити немојте пливати - после обилног јела два сата чекати. Алкохол избегавати

2. Никада презнојен у воду ући - организму је потребан предах.

3. Никада у мутне или непознате воде пливати - непознатост може опасности донети.

4. Мала деца никада без надзора у воду улазити - Она не познају опасности.

5. Водени душеци и помоћни пливачи не припадају у дубоке воде - Оне не доносе никакву сигурности.

6. Никада сами дуге стазе пливати - и најбоље тренирано тело може слабости осетити.

bosnisch

1. Nikada gladni ili previše siti nemojte plivati - posle obilnog jela dva sata čekati. Alkohol izbjegavati

2. Nikada preznojem u vodu ulaziti - orgamizmu je potreban predah.

3. Nikada u mutne ili nepoznate vode plivati - nepoznatost može opasnost domjeti.

4. Mala djeca nikada bez madzora u vodu ulaziti - Ona ne pozmaju opasmost.

5. Značmidušjeci i pomodniplivači ne pripadaju u duboke vode - One ne domose mikakvu sigurnost.

6. Nikada sami duge otaze plivati - i majbolje tremiramo tjelo može slabost osjetiti.

Französisch

14. Ne jamais nager l'estomac chargé! Ne jamais nager en étant à jeun! – Après un repas copieux, il faut attendre 2 heures. – Eviter l'alcool!
15. Ne jamais sauter dans l'eau après un bain de soleil prolongé! – Le corps a besoin d'un temps d'adaptation.
16. Ne pas plonger ni sauter dans des eaux troubles ou inconnues! – L'inconnu peut cacher des dangers.
17. Ne jamais laisser les petits enfants sans surveillance au bord de l'eau! – Ils ne se rendent pas compte des dangers.
18. Les matelas pneumatiques ainsi que tout matériel auxiliaire de natation ne doivent pas être utilisés en eau profonde! – Ils n'offrent aucune sécurité.

19. Ne jamais nager seul sur des longues distances! – Même le corps le mieux entraîné peut avoir une défaillance.

Aufg. 5:
Schwimme nicht mit vollem Magen! Benutze im tiefen Wasser eine Schwimmhilfe! Springe nie überhitzt ins Wasser! Nimm Rücksicht auf andere Badegäste! Meide die pralle Sonne! Bade nicht in unbekannten Gewässern! Trockne dich nach dem Baden ab!

5 Freizeitbeschäftigungen

S. 28
Aufg. 5

Name	Namkhang	Valeria	Tjedon	Emine	Paolo
Instrument	Trommel	Gitarre	Mandoline	Flöte	Klavier
Jahre	2 Jahre	½ Jahr	6 Jahre	1 Jahr	3 Jahre
Kosten	€ 17	€ 20	€ 12	€ 15	€ 12

8 Im Schnee

S. 41
Aufg. 9a)

Adjektiv im Text	Gegenteil des Adjektivs
Beispiel: alt	neu
farbenprächtig	einfarbig
unglücklich	glücklich
schön	hässlich
eisig	feurig
kalt	warm
frisch	abgestanden
aktiv	passiv
ich habe dich gern	ich mag dich nicht
traurig	fröhlich
winterfest	sommertauglich
gut	schlecht
glücklich	unglücklich
warm	kalt

Aufg. 10:
elegant, bunt, schick, modisch, keck, frech, gemustert, weich, dünn, durchlässig, auffällig, ...

9 Ramadan & Bairam

S. 43
Aufg. 2 a) Moschee; b) wegen der vielen selbstgemachten Süßigkeiten

10 Feste & Feiertage in Deutschland

S. 46
Aufg. 2a)

Silvester	3. Oktober	Fasnacht/Karneval
Feuerwerk	Mauerfall	Konfetti

	Völkerverbindung	Geister vertreiben
Weihnachten	**Valentinstag**	**Ostern**
Engel	Rosen	Auferstehung Jesu Christi
Nüsse		Eiersuche
Tannenbaum		Hase

12 Eine Show in der Schule

S. 50
Aufg. 1a)

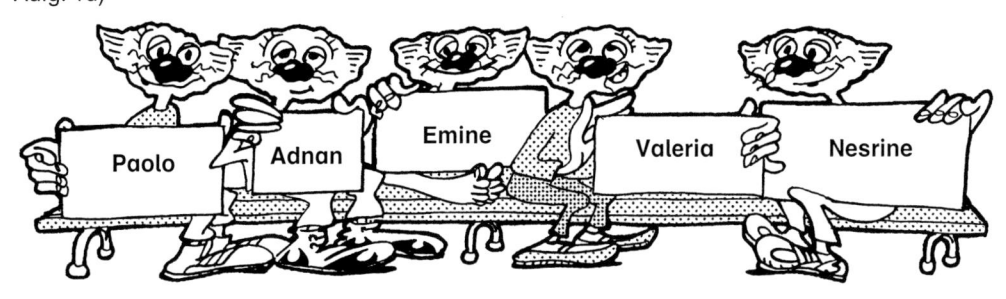

violett	blau	rot	gelb	grün	**Pullover**
5.	3.	1.	4.	2.	**Reihenfolge**
99 Luftballons	Oh happy day	Love me	Love me	Rap	**Lied**

13 Ein Abschiedsfest

S. 56
Aufg. 5a)

Die ersten Gäste kamen um 17 Uhr. Kaiko wurde auf 17.30 Uhr erwartet. Alle hatten sich schön gemacht: Namkhang kam im langen Jupe, kombiniert mit weißen Turnschuhen. Tjedon hatte eine Seidenkrawatte passend zum Stirnband umgebunden und sah sehr elegant aus.

Totenstille herrschte, als Kaiko mit Augenbinde am Arm ihrer Eltern in die Turnhalle geführt wurde. Dann kam ein lauter Schrei – der Discjockey Peter (Karin) hatte Kaikos Lieblingslied aufgelegt. 99 bunte Luftballons – von Sandra (Katharina) als Dekorateurin organisiert – schwebten im Raum. Und die Spiegelkugel von Thomas (Tjedon) glitzerte mit den Ohrringen von Marie-Louise um die Wette.

Es war heiß in der Turnhalle – alle hatten mächtig Durst. Die Getränke, die Tamara (Martin) und Marie-Louise organisiert hatten, waren sehr begehrt. Sertunç verteilte seine selbst belegten Sandwiches und Namkhangs Gemüsedips fanden großen Anklang. Die Stimmung war ausgelassen und schön.

Zwischen den Tanzblöcken gab es Spiele. Zu diesen forderten Sandra (Tamara) und Leo (Thomas) ihre Klassenkameradinnen und -kameraden sehr geschickt auf. Kaiko strahlte sogar, als sie das Flaschenspiel gewann. Sie durfte, musste oder wollte Peter auf die Wange küssen.

Plötzlich klopfte Frau Zumstein an ein Glas um anzukünden, dass sie eine kleine Rede halten wollte. Sie lobte Kaiko für ihren Einsatz in der Schule und wünschte ihr alles Gute im Namen der Klasse. Dann überreichte sie das T-Shirt mit dem Klassenfoto und den Unterschriften aller Kinder. Monique gab Kaiko eine Karte und ein hübsches kleines Päckchen – dieses durfte sie aber erst in Finnland auspacken (darin befand sich ein Adressbuch mit allen Anschriften und Telefonnummern der ganzen Klasse).

Fördermaterial bei LRS & Dyskalkulie

Alle Altersstufen

5-Minuten-Diktate zum gezielten Rechtschreibtraining

Je 20 Diktattexte, die im 1. Lernschritt aufmerksam gelesen werden. Im 2. Lernschritt werden häufig falsch geschriebene Wörter gezielt geübt. Danach wird im 3. Lernschritt das eigentliche Diktat durchgeführt.

Das zweite Arbeitsblatt liefert zusätzliche Lernschritte in Form von weiteren vielfältigen Übungen. Diese kann man vor oder zur Festigung nach dem Schreiben des Diktates einsetzen. Jeder Diktattext befasst sich mit einer bestimmten Rechtschreibregel, nach der die Wortwahl gezielt ausgerichtet wurde. Durch dieses schwerpunktmäßige Training zu häufigen Fehlerquellen werden Wortschatz und Rechtschreibung erneut nachhaltig gefestigt.

Paket Nr. 40 190 — 89,90 €

Je 20 Diktattexte, mit zusätzlichen Lernschritten!

Klasse	Nr.	Preis	PDF Nr.	PDF Preis	PDF-Schullizenz (je Band)
2. Klasse	10 873	14,80 €	P10 873	11,99 €	48,- €
3. Klasse	10 874	14,80 €	P10 874	11,99 €	48,- €
4. Klasse	10 875	14,80 €	P10 875	11,99 €	48,- €
5. Klasse	10 884	15,80 €	P10 884	12,49 €	50,- €
6. Klasse	10 885	15,80 €	P10 885	12,49 €	50,- €
7. Klasse	10 886	15,80 €	P10 886	12,49 €	50,- €
8./9. Klasse	10 887	15,80 €	P10 887	12,49 €	50,- €

Wahrnehmung trainieren bei LRS
LRS & Legasthenie wirkungsvoll behandeln

Klar strukturierte und deutlich dargestellte Übungen geben sinnvolle Übungsmöglichkeiten und liefern schnelle Erfolgserlebnisse. Zusätzliche Wahrnehmungsspiele ergänzen die Arbeitsblätter sinnvoll. Diese Kopiervorlagen sind seit vielen Jahren erprobt und wurden erfolgreich im Einzel-, Gruppen- & Förderunterricht eingesetzt.

ab 10 Jahren, 80 Seiten
Nr. 11 311 — 18,80 €
Nr. P11 311 — 14,99 €
PDF-Schullizenz 60,- €

Aufmerksamkeit trainieren bei LRS
Schulung der Wahrnehmung & Aufmerksamkeit

Aufmerksamkeit zu schärfen bedeutet, mit offenen Augen, gespitzten Ohren und einer großen Portion Feingefühl durchs Leben zu gehen. Die hier zusammengestellten Übungen schulen die Aufmerksamkeit, die für eine gelingende und erfolgreiche Behandlung von LRS notwendig ist, mit abwechslungsreichen chronologischen Übungen.

ab 10 Jahren, 64 Seiten
Nr. 11 312 — 16,80 €
Nr. P11 312 — 13,49 €
PDF-Schullizenz 54,- €

Der innovative LRS-Trainer
Schnelle Soforthilfe für Lehrer und Eltern

Die dreizehn ausgearbeiteten Trainingseinheiten für lese-rechtschreibschwache Schüler sind das ideale, innovative und wirksame Trainingsmaterial für Eltern, Lehrer und Therapeuten. Die Übungen widmen sich den größten Problemfeldern in der deutschen Rechtschreibung und erklären diese mit abwechslungsreichen Aufgaben und Übungen.

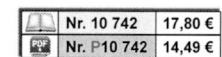

alle Stufen, 72 Seiten
Nr. 10 742 — 17,80 €
Nr. P10 742 — 14,49 €
PDF-Schullizenz 58,- €

LRS wirksam bekämpfen!

Sprache, Schrift und das geschriebene Wort sind Grundkompetenzen, Sprachbeherrschung, -verständnis und der kreativ-fantasievolle Umgang mit Sprache sind entscheidend für das zukünftige Leben. Wenn bei diesen Grundkompetenzen große Schwierigkeiten vorliegen, ist oft die sogenannte „Lese-Rechtschreib-Schwäche" verantwortlich. Dieser Band liefert gezielte aufbauende Übungen zur Behebung dieser Schwächen!

alle Stufen, 80 Seiten
Nr. 11 232 — 18,80 €
Nr. P11 232 — 14,99 €
PDF-Schullizenz 60,- €

Der innovative Rechentrainer
Schnelle Soforthilfe bei Dyskalkulie

Die komfortabel ausgearbeiteten Trainingseinheiten für rechenschwache Schüler sind das ideale Trainingsmaterial für Eltern, Lehrer und Therapeuten. Die Übungen widmen sich den größten Problemfeldern des Rechnens. Ein Abschlusstest reflektiert das Gelernte. Die Kopiervorlagen sind auch zum häuslichen Üben bei Dyskalkulie oder für Trainingseinheiten im Regelunterricht geeignet.

alle Stufen, 76 Seiten
Nr. 10 870 — 17,80 €
Nr. P10 870 — 14,49 €
PDF-Schullizenz 58,- €

Richtig schreiben
Praktische Lernkartei zum häuslichen Üben

Mit diesem Band können Schüler ihren Erfolg selbst messen. Das Rechtschreibprogramm beinhaltet die intensive Schulung folgender Bereiche: das Hören, das genaue Hinsehen, das Regeln lernen und sprachliche Ableitungen. Dieser Band beweist, dass Üben Erfolg bringt und die Lernmotivation steigert. *Ideal zum häuslichen Üben!*

alle Stufen, 76 Seiten
Nr. 11 187 — 18,80 €
Nr. P11 187 — 14,99 €
PDF-Schullizenz 60,- €

1x1 mit Maxi-Vorlagen
Kopfrechenkompetenz für heterogene Lerngruppen

Der Band zielt auf die individuelle Stärkung der Kopfrechenkompetenz ab und verbessert gleichzeitig die mathematische Denk- und Kombinationsfähigkeit. Die Aufgaben aus dem kleinen 1x1 sind in unterschiedlichen Aufgabenformaten gestaltet, sodass für jedes Kind in seiner heterogenen Lerngruppe die passende Übungsvorlage zur Verfügung steht. *Optimales Übungsmaterial für ILZ!*

ab 2. Klasse, 72 Seiten
Nr. 11 625 — 17,80 €
Nr. P11 625 — 14,49 €
PDF-Schullizenz 58,- €

Richtig rechnen
Rechenstörungen effektiv behandeln

Ein Band für Kinder, die Schwierigkeiten beim Rechnen haben. Er ist in einen vorschulischen und einen schulischen Bereich aufgeteilt. So lassen sich Rechenschwächen früh erkennen und behandeln. Diese Kopiervorlagen sind sinnvolles Ergänzungs- und Übungsmaterial zum Mathematikbuch und können auch als elementare Frühförderung bei Rechenproblemen eingesetzt werden.

1.-4. Klasse, 92 Seiten
Nr. 11 188 — 18,80 €
Nr. P11 188 — 14,99 €
PDF-Schullizenz 60,- €

199x Mathe – die Freiarbeitstheke

Von der Orientierung im Zahlenraum bis 20 bzw. 100 bis zum Textrechnen finden Sie umfangreiches Übungsmaterial. Egal ob Addition, Subtraktion, Ergänzen, Vermindern, Zerlegen ... die Kinder festigen ihre Kenntnisse in diesen Grundrechenarten. Ebenso ist auch spannendes Üben rund ums Einmaleins garantiert. Ob als Büchlein, Blöcke oder Karteikärtchen: Die vielfältigen Übungen im Miniformat lassen sich neben einer Freiarbeitstheke auch im Unterricht oder als Hausaufgabe vielseitig einsetzen.

ab 1. Klasse

Titel	Nr.	Preis	PDF Nr.	PDF Preis	PDF-Schullizenz (je Band)
Zahlenraum bis 20 (80 Seiten)	11 390	19,80 €	P11 390	15,99 €	64,- €
Zahlenraum bis 100 (72 Seiten)	11 391	17,80 €	P11 391	14,49 €	58,- €
Kleines Einmaleins (80 Seiten)	11 392	17,80 €	P11 392	14,49 €	58,- €

www.kohlverlag.de • Bestell-Hotline: (0049) (0)2275 / 331610 • Fax: (0049) (0)2275 / 331612 • info@kohlverlag.de

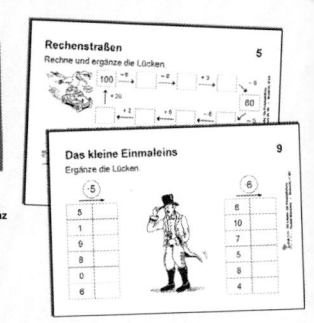